高等职业教育经典系列教材·财务会计类

出纳业务操作

主　编　赵峰松　王　健
副主编　张俊清　沈淑荣　范晓娟
　　　　刘乙婷　吴奕
主　审　费琳琪

北京理工大学出版社
BEIJING INSTITUTE OF TECHNOLOGY PRESS

版权专有　侵权必究

图书在版编目（CIP）数据

出纳业务操作 / 赵峰松，王健主编. —北京：北京理工大学出版社，2020.7
（2020.8 重印）

ISBN 978 – 7 – 5682 – 8641 – 1

Ⅰ．①出⋯　Ⅱ．①赵⋯ ②王⋯　Ⅲ．①出纳 – 教材　Ⅳ．①F233

中国版本图书馆 CIP 数据核字（2020）第 112936 号

出版发行 / 北京理工大学出版社有限责任公司
社　　址 / 北京市海淀区中关村南大街 5 号
邮　　编 / 100081
电　　话 / （010）68914775（总编室）
　　　　　（010）82562903（教材售后服务热线）
　　　　　（010）68948351（其他图书服务热线）
网　　址 / http：//www.bitpress.com.cn
经　　销 / 全国各地新华书店
印　　刷 / 涿州市新华印刷有限公司
开　　本 / 787 毫米 × 1092 毫米　1/16
印　　张 / 10.5　　　　　　　　　　　　　　　　　责任编辑 / 钟　博
字　　数 / 208 千字　　　　　　　　　　　　　　　文案编辑 / 钟　博
版　　次 / 2020 年 7 月第 1 版　2020 年 8 月第 2 次印刷　责任校对 / 周瑞红
定　　价 / 32.00 元　　　　　　　　　　　　　　　责任印制 / 施胜娟

图书出现印装质量问题，请拨打售后服务热线，本社负责调换

前 言

出纳是每个单位都必须设置的财会岗位，出纳人员主要办理现金收付和转账结算业务，参与货币资金核算与监督。出纳人员应该具备的素质、知识和能力是用人单位所关心的问题，用人单位所关心的问题也正是本书所关注的。

本书以出纳职业能力培养为主线，以出纳工作过程为导向，以出纳工作任务为载体，从出纳认知到出纳工作交接，由点到面逐步展开介绍。本书以现代出纳会计岗位典型工作任务及相关管理工作为背景，围绕任职能力培养的需要，通过知识介绍和操作解析，构建了出纳必备基础技能、库存现金结算业务、银行存款结算业务、日记账的登记、期末及其他业务等5个项目。

本书的主要特点如下：

（1）严格遵照相关法律、行政法规和部门规章的新规定，具有权威性和规范性。

（2）整体结构搭配传统理论知识体系，将理论与实践融为一体，突出对职业能力的培养。由专业教师与企业专家根据出纳职业能力的要求，重构相关知识内容，以"岗位"为载体、以"能力"为核心进行横向设计，根据出纳工作流程进行纵向设计，纵横交错，充分体现工作过程的系统化。

（3）体系结构科学合理，内容编排图文并茂，知识讲解和操作指导相结合，案例解答和即时训练相结合，线上学习和线下练习相结合，符合"教、学、做一体化"教学模式的要求，帮助读者提高学习效率和效果。

（4）校企合作共同编写本书内容以及配套资源内容，产教融合。本书编者深入营口港务集团股份有限公司、营口熊岳鑫雨会计事务所、营口经济技术开发区勤缘会计服务公司等企业调研，邀请企业一线财务专家共同探讨出纳岗位职责、核心能力等，从而实现本书内容与实际会计岗位的紧密对接。

本书由辽宁农业职业技术学院、铁岭师范高等专科学校、营口经济技术开发区勤缘会计服务公司和营口熊岳鑫雨会计事务所共同开发完成。本书由赵峰松和王健担任主编，由张俊清、沈淑荣、范晓娟、刘乙婷和吴奕担任副主编，参与编写的还有项娜、徐玉萍、姜韶颖、刘秀林和张彧嘉等。赵峰松完成全书的统稿，费琳琪完成全书的审核。

厦门科云信息科技有限公司也对本书的编写提供了支持，在此表示感谢。

本书在编写过程中，参考了国内外有关专家和学者在成本核算方面的一些新的理念和成果，在此深表感谢。

由于编者水平有限，经验不足，本书的不足之处在所难免，恳求广大读者批评指正，以便我们在今后的修订和重印过程中及时修正。

编　者

目 录

项目1　出纳必备基础技能 ··· 1

任务1　出纳的概念、岗位职责和职业道德要求 ························· 2
　　一、出纳的概念 ··· 2
　　二、出纳的岗位职责 ··· 3
　　三、出纳的职业道德要求 ··· 3

任务2　出纳岗位的内部牵制制度 ·· 9
　　一、会计内部牵制制度介绍 ······································· 9
　　二、出纳岗位的内部牵制制度介绍 ································ 10

任务3　出纳会计书写规范 ··· 11
　　一、数码字书写规范 ·· 11
　　二、中文大写数字书写规范 ······································ 13

任务4　手持式单指单张点钞法 ··· 16
　　一、手持式单指单张点钞法的基本步骤 ···························· 16
　　二、点钞的基本要求 ·· 19

任务5　印章的使用 ·· 22
　　一、印章的识别及适用范围 ······································ 22
　　二、印章的刻制和盖章的方法 ···································· 23

项目1　知识测试与能力训练 ··· 25

项目2　库存现金结算业务 ··· 29

任务1　库存现金的使用范围及限额 ····································· 30
　　一、库存现金的含义 ·· 30
　　二、现金管理基本原则 ·· 30

三、现金管理基本规定 …………………………………………… 31
　　四、库存现金使用范围 …………………………………………… 33
　任务2　收入、费用现金收支业务 …………………………………… 34
　　一、办理现金收入业务 …………………………………………… 35
　　二、办理费用报销现金支付业务 ………………………………… 39
　任务3　往来款项现金收支业务 ……………………………………… 43
　　一、办理往来款项现金收支业务 ………………………………… 44
　　二、办理应收账款现金收回业务 ………………………………… 48
　　三、办理其他应付款现金支付业务 ……………………………… 48
　　四、办理应付账款现金支付业务 ………………………………… 49
　任务4　库存现金存取业务 …………………………………………… 50
　　一、办理现金缴存业务 …………………………………………… 50
　　二、办理现金提取业务 …………………………………………… 52
项目2　知识测试与能力训练 …………………………………………… 55

项目3　银行存款结算业务 …………………………………………… 58

　任务1　银行结算账户的分类与管理 ………………………………… 59
　　一、银行结算账户的概念和种类 ………………………………… 59
　　二、银行结算账户管理 …………………………………………… 60
　任务2　银行支票结算业务 …………………………………………… 63
　　一、现金支票 ……………………………………………………… 64
　　二、转账支票 ……………………………………………………… 66
　　三、支票结算注意事项 …………………………………………… 68
　任务3　银行汇票结算业务 …………………………………………… 69
　　一、银行汇票的概念 ……………………………………………… 69
　　二、银行汇票的使用 ……………………………………………… 72
　　三、使用银行汇票支付款项 ……………………………………… 72
　　四、取得银行汇票收取款项 ……………………………………… 74
　任务4　银行本票结算业务 …………………………………………… 75
　　一、银行本票的概念 ……………………………………………… 75
　　二、银行本票的使用 ……………………………………………… 75
　　三、银行本票支付款项 …………………………………………… 77
　　四、银行本票收取款项 …………………………………………… 77
　任务5　商业汇票结算业务 …………………………………………… 78
　　一、商业汇票的概念 ……………………………………………… 79
　　二、商业汇票的使用 ……………………………………………… 81
　　三、商业承兑汇票业务办理流程 ………………………………… 84
　　四、银行承兑汇票业务办理流程 ………………………………… 85
　　五、商业汇票贴现业务办理 ……………………………………… 87

任务6　汇兑结算业务 ………………………………………………… 89
　　一、汇兑结算的概念 ……………………………………………… 89
　　二、汇兑结算的特点 ……………………………………………… 89
　　三、电汇结算业务办理流程 ……………………………………… 90
　　四、信汇结算业务办理流程 ……………………………………… 90
　　五、汇款的撤销和退汇业务 ……………………………………… 91
任务7　托收承付业务 ………………………………………………… 91
　　一、托收承付的概念 ……………………………………………… 92
　　二、托收承付的使用特点 ………………………………………… 92
　　三、托收承付业务办理流程 ……………………………………… 92
任务8　委托收款业务 ………………………………………………… 93
　　一、委托收款的概念 ……………………………………………… 94
　　二、委托收款的特点 ……………………………………………… 94
　　三、委托收款业务办理流程 ……………………………………… 94
任务9　网上银行支付业务 …………………………………………… 96
　　一、网上银行的概念 ……………………………………………… 96
　　二、申请开通网上银行的流程 …………………………………… 96
　　三、网上银行支付业务办理流程 ………………………………… 97
　　四、使用网上银行的安全措施 …………………………………… 97
项目3　知识测试与能力训练 …………………………………………… 97

项目4　日记账的登记 ………………………………………………… 102

任务1　现金日记账的登记 …………………………………………… 103
　　一、现金日记账的启用 …………………………………………… 107
　　二、现金日记账的设置 …………………………………………… 108
　　三、现金日记账的登记 …………………………………………… 108
任务2　银行存款日记账的登记 ……………………………………… 111
　　一、银行存款日记账的启用 ……………………………………… 115
　　二、银行存款日记账的设置 ……………………………………… 115
　　三、银行存款日记账的登记 ……………………………………… 115
任务3　对账与结账 …………………………………………………… 118
　　一、对账 …………………………………………………………… 118
　　二、结账 …………………………………………………………… 119
项目4　知识测试与能力训练 …………………………………………… 122

项目5　期末及其他业务 ………………………………………………… 127

任务1　库存现金清查业务 …………………………………………… 128
　　一、库存现金清查基本知识 ……………………………………… 130
　　二、填制库存现金盘点报告表 …………………………………… 131

三、库存现金盘盈、盘亏业务处理 ……………………………………… 132
任务2　银行存款清查业务 ………………………………………………… 136
　　一、银行存款清查基本知识 ……………………………………………… 137
　　二、编制银行存款余额调节表 …………………………………………… 138
任务3　工资发放业务及员工个人所得税的计算 ………………………… 140
　　一、工资发放基本知识 …………………………………………………… 140
　　二、工资表的计算 ………………………………………………………… 141
　　三、个人所得税的计算 …………………………………………………… 142
　　四、工资表的账务处理 …………………………………………………… 145
任务4　出纳工作交接 ……………………………………………………… 146
　　一、出纳工作交接的几种情形 …………………………………………… 147
　　二、出纳工作交接的责任 ………………………………………………… 148
　　三、出纳工作交接的内容 ………………………………………………… 148
　　四、出纳工作交接的常见问题 …………………………………………… 149
项目5　知识测试与能力训练 ……………………………………………… 151

参考文献 ………………………………………………………………………… 158

项目 1

出纳必备基础技能

知识目标

(1) 熟悉出纳的岗位职责和工作内容；
(2) 掌握出纳内部牵制制度；
(3) 掌握会计书写规范要求。

技能目标

(1) 能遵守出纳内部牵制制度，履行出纳的岗位职责；
(2) 能按照会计书写规范要求办理相关业务；
(3) 能熟练掌握点钞方法和技巧，做到点钞既快又准。

素质目标

(1) 培养学生具备出纳职业素养，树立岗位责任意识；
(2) 培养学生细心的工作态度，树立认真严谨的工作理念；
(3) 培养学生能正确保管、使用印章，树立安全责任意识。

会人会语

出纳伙同会计侵占公款，沉迷网络直播花光 370 余万元

某公司出纳高某利用职务之便，伙同公司会计侵占公款 370 余万元，并将钱全部用于直播间充值及购买虚拟礼物赠送主播。家人发现之后，陪同其到公安局自首。

高某自称是某公司出纳，刚开始时用自己的钱玩直播软件，到 2016 年 2 月花完了五六万元积蓄，但已不能自拔，便想到了挪用公款。

高某编造了一个在外面投资挣钱的理由，找到了该公司会计李某，让李某帮其把公款转到自己的银行卡里。

李某出于朋友情谊一口答应，之后二人以发工资、付货款等理由，于2016年2—5月，先后50余次把该公司账户里的370余万元转入高某账户。高某将之全部用于直播间充值及购买虚拟礼物赠送主播。

高某、李某因涉嫌职务侵占罪已被依法批准逮捕。

通过上述案例可以发现，出纳高某、会计李某没有严格履行各自的岗位职责，背离财务人员应恪守的职业道德规范，忽视法律的存在；公司出纳岗位的内部控制制度存在漏洞，为高某和李某挪用公款、违法犯罪提供了可乘之机。

点评：

会计职业道德规范是从事会计职业的人们在共同的职业兴趣、爱好、习惯、心理的基础上形成的思想和行为方面的道德规范，是会计人员应该遵守的职业责任和职业纪律。诚实守信是做人的基本准则，也是会计职业道德的精髓。

任务1　出纳的概念、岗位职责和职业道德要求

 任务情境

张颖是一名应届会计专业毕业生，成功受聘于哈尔滨北方商贸有限公司担任出纳。虽然张颖在学校期间学习过"基础会计""财务会计""管理会计"等会计专业课程，但对于出纳工作的内容及岗位要求还是不太清楚。为了能更快、更好地适应新的工作岗位，张颖做了很多准备工作。

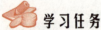 学习任务

如果你是任务情境中的张颖，你会做哪些准备工作？如何承接工作？

 任务目标

通过完成学习任务，认识出纳的工作内容，进而明确出纳的岗位职责，在实际工作中严格遵守出纳（会计）职业道德规范。

 相关知识

一、出纳的概念

"出纳"中的"出"是支出的意思，"纳"是收入的意思，两个字合二为一，非常准确地表明了出纳的要义。出纳是指货币资金的收入与支出。

出纳既可以指出纳人员，也可以指出纳工作。

出纳人员有广义和狭义之分。广义的出纳人员既包括财会部门的出纳人员，

也包括业务部门的各类收款员（收银员）等；狭义的出纳人员仅指财会部门从事资金收付和核算工作的出纳人员。

二、出纳的岗位职责

根据《会计法》《会计基础工作规范》等财经法规，出纳的岗位职责如下：

(1) 按照国家有关现金管理和银行结算制度的规定，办理现金收付和银行结算业务。出纳人员应严格遵守现金开支范围，在非现金结算范围不得用现金收付；遵守库存现金限额，超限额的现金按规定及时送存银行；现金管理要做到日清月结，账面余额与库存现金每日下班前应核对，若发现问题，应及时查对；银行存款账与银行对账单也要及时核对，如有不符，应立即通知银行调整。

(2) 根据会计制度的规定，在办理现金和银行存款收付业务时，要严格审核有关原始凭证，再据以编制收付款凭证，然后根据编制的收付款凭证逐笔顺序登记现金日记账和银行存款日记账，并结出余额。

(3) 按照国家外汇管理和结汇、购汇制度的规定及有关批件，办理外汇出纳业务。外汇出纳业务是政策性很强的工作，随着改革开放的深入发展，国际间经济交往日益频繁，外汇出纳也越来越重要。出纳人员应熟悉国家外汇管理制度，及时办理结汇、购汇、付汇，避免国家外汇损失。

(4) 掌握银行存款余额，不准签发空头支票，不准出租出借银行账户为其他单位办理结算。这是出纳人员必须遵守的一条纪律，也是防止经济犯罪、维护经济秩序的重要方面。出纳人员应严格支票和银行账户的使用和管理，从出纳这个岗位上堵塞结算漏洞。

(5) 保管库存现金和各种有价证券（如国库券、债券、股票等）的安全与完整。要建立适合本单位情况的现金和有价证券保管责任制，如发生短缺，属于出纳人员责任的要进行赔偿。

(6) 保管有关印章、空白收据和空白支票。印章、空白票据的安全保管十分重要，在实际工作中，因丢失印章和空白票据给单位带来经济损失的不乏其例。对此，出纳人员必须高度重视，建立严格的管理办法。通常，单位财务公章和出纳人员名章要实行分管，交由出纳人员保管的出纳印章要严格按规定用途使用，各种票据要办理领用和注销手续。

保险柜和印鉴的使用

三、出纳的职业道德要求

办理货币资金业务的人员应当具备良好的职业道德，忠于职守，廉洁奉公，遵纪守法，客观公正，不断提高会计业务素质和职业道德水平。

收据的保管

（一）爱岗敬业

出纳人员应热爱出纳工作，安心于本职岗位，忠于职守，尽心尽力，尽职尽责。这是出纳人员做好本职工作的基础和条件，是最基本的道德素质。爱岗敬业的要求包括：

(1) 热爱出纳工作，敬重会计职业。这是做好出纳工作的前提。只有热爱出纳工作，敬重会计职业，才会努力学习出纳业务知识，全身心地投入出纳工作，并把工作做好。

（2）安心工作，任劳任怨。这表达的是一种精神境界。

（3）严肃认真，一丝不苟。这表达的是一种工作态度。

（4）忠于职守，尽职尽责。要求出纳人员忠实于会计服务主体，忠实于社会利益，忠实于国家利益。

（二）诚实守信

出纳人员在职业活动中应当实事求是，讲信用，重信誉，信守诺言。这是出纳人员的基本工作准则。诚实守信的要求包括：

（1）具有实事求是的工作作风。

出纳人员应做老实人，办老实事，说老实话，从原始资料的取得、凭证的整理、账簿的登记、报表的编制，到经济活动的分析，都要做到实事求是、如实反映、正确记录；严格以经济业务凭证为依据，做到手续完备、账目清楚、数字准确、编报及时；严格按照国家统一会计制度记账、算账、结账、报账，做到账证、账账、账表、账实相符。

（2）坚持职业操守。

出纳人员的职业操守主要包括社会或他人对出纳工作的尊敬和出纳人员自己对职业的珍爱。出纳人员应讲信用，守诺言，保守秘密。出纳人员坚持职业操守，主要是要对自己所从事的职业有一个正确的认识和态度，维护职业信誉，诚实守信，保守国家秘密、商业秘密和个人隐私。

（三）廉洁自律

出纳人员应公私分明，不贪不占，遵纪守法，清正廉洁。这是出纳人员的工作特点所决定的，是职业道德的内在要求和行为准则。出纳工作涉及国家、企业、投资者、债权人、企业职工等各方利益，出纳人员只有做到廉洁自律，才能理直气壮地行使会计监督的职能。廉洁自律的要求包括：

（1）公私分明，不贪不占。公私分明，要求出纳人员严格划分公、私界限，公是公，私是私；不贪不占，要求出纳人员不贪污，不挪用公款，不监守自盗。

（2）遵纪守法，清正廉洁。要求出纳人员在从事出纳工作时，按照国家的法律法规及其他规定履行职责，自尊、自爱、自律，不以权谋私，不违法乱纪。

（四）客观公正

出纳人员应端正态度，依法办事，实事求是，不偏不倚，保持应有的独立性。客观公正的要求包括：

（1）端正态度。要求出纳人员坚持以客观公正的态度从事出纳工作。这是坚持客观公正原则的基础。

（2）依法办事。要求出纳人员遵守法律法规，依法办理出纳业务。这是保证会计工作客观公正的前提。

(3) 实事求是，不偏不倚。要求出纳人员在处理各种利益关系时，保持客观公正的立场。

(4) 保持应有的独立性。独立性是会计信息的本质要求，其要求出纳人员在出纳业务的处理、会计政策和会计方法的选择、财务会计报告的编制、财务状况及经营成果的评价等方面都必须保持独立性，做到客观、公正。

（五）坚持准则

出纳人员应熟悉国家法律、法规和国家统一的会计制度，始终坚持按法律、法规和国家统一的会计制度的要求进行会计核算，实施会计监督。这里所说的"准则"，泛指有关会计的法律、法规和国家统一的会计制度。因此，坚持准则就是坚持依法办理会计事务。要做到坚持准则，必须：

(1) 掌握准则。要求出纳人员熟练掌握准则，正确领会和准确把握准则的精神实质。

(2) 遵循准则。要求出纳人员严格执行准则。

(3) 坚持准则。要求出纳人员依法办理出纳业务，即使在依法办理出纳业务的过程受到干扰、阻碍和挑战，也应当坚持准则，依法办理。

（六）提高技能

出纳人员应不断地增强提高专业技能的自觉性和紧迫感，勤学苦练，刻苦钻研，开拓进取，不断提高业务水平。出纳工作是专业性很强的工作，出纳人员应当全面准确地掌握出纳工作的专业知识和技能。社会在前进，经济在发展，科技在进步，出纳工作会面临不断出现的新情况和新问题，所有这些都要求出纳人员与时俱进，不断地学习和掌握新知识和新技能，以适应出纳业务不断发展和变化的新形势。

（七）参与管理

出纳人员应在做好本职工作时努力钻研相关业务，全面熟悉本企业的经营活动及其业务流程，积极参与管理，主动提出合理化建议，协助领导决策。出纳人员应当做好以下两点：

(1) 树立参与管理的意识，积极主动地做好参谋。出纳人员不能消极被动地记账、算账和报账，而要积极主动地参与企业的经营管理活动，应当经常向领导反映经营管理活动中的新情况和存在的问题，提出合理化建议，协助领导决策。具体地说，出纳人员应当充分利用所掌握的大量会计信息去分析本企业的经营活动，将财务会计的职能渗透到单位的各项管理工作中，找出经营管理中的问题和薄弱环节，提出改进意见和措施，从而使出纳工作的事后反映变为事前的预测分析和事中的控制监督，真正起到当家理财的作用，成为决策层的参谋和助手。

(2) 参与管理应具有针对性。在参与管理时，出纳人员需要了解企业的生产经营活动及其业务流程，使参与管理更具有针对性和有效性。出纳人员应当掌握有关企业的生产经营能力、技术设备条件、产品市场行情及资源供给等方面的情况,结合财会工作的综合信息优势,积极参与预测;根据预测情况,参与优化决策;要充分利用会计工作的优势,对预算执行情况积极参与监控,为改善单位内部管理、提高经济效益服务。

(八)强化服务

出纳人员应树立服务意识,提高服务质量;努力维护和提升会计职业良好的社会形象。强化服务的基本要求如下:

(1)强化服务意识。出纳人员要在内心深处树立强烈的为管理者服务、为所有者服务、为社会公众服务、为人民服务的服务意识;无论是为本企业服务,还是为社会公众服务,都应摆正自己的位置;不能认为管钱、管账就高人一等;不能因为参与决策就自命不凡。应认识到管钱、管账是职责,参与管理是义务,会计职业受到尊重缘于会计职业在社会上的信誉。只有这样才能做好会计工作,履行会计职能,为单位和社会经济的发展做出应有的贡献。

(2)提高服务质量。强化服务的关键是提高服务质量。出纳人员的服务就是真实、客观地记账、算账和报账,积极主动地向上级领导者反映经营活动的情况和存在的问题,提出合理化建议;为企业决策层、政府部门、投资人、债权人以及社会公众提供真实、可靠、相关的会计信息,以引导他们正确地作出决策。

任务实施

张颖承接出纳工作

公司前任出纳孙敏按经理的吩咐和张颖一起办理工作交接和承接手续。

(一)账簿移交

孙敏编制了出纳账簿移交表,如表1-1所示。

表1-1 出纳账簿移交表
年 月 日

名称	数量	备注
现金日记账	1	余额相符
存款日记账	1	余额相符
小计	2	

移交人:孙敏　　　　接交人:张颖　　　　监交人:张燕

账簿移交简单,就是两本明细日记账。会计告诉张颖,先将日记账接过来,在确定余额相符后,在出纳账簿移交表的"备注"栏中写上"余额相符"字样,然后由移交人、接交人和监交人签字。张颖遵照会计的指示,先将两本日记账接了过来。

(二)资金移交

孙敏编制了出纳现金移交表,如表1-2所示。

表1-2 出纳现金移交表

年　月　日

项目	明细	金额/元
1. 账面余额		9 775.80
2. 未入账收入 （1 062.90元）	收回司机报销出差费用冲领备用金余额	264.40
	收到公司废品变卖收入	483.50
	收到采购部采购低值易耗品临时借用未用完现金余额	315.00
3. 未入账支出 （4 620.6元）	司机报销差旅费用	1 735.60
	采购低值易耗品费用	2 685.00
	临时劳务工资	200.00
4. 现金余额 （6 218.10元）	佰元　　　　60张	6 000.00
	伍拾元　　　2张	100.00
	贰拾元　　　5张	100.00
	拾元　　　　1张	10.00
	伍元　　　　1张	5.00
	贰元　　　　1张	2.00
	壹元　　　　1张（枚）	1.00
	壹角　　　　1张（枚）	0.10

移交人：孙敏　　　　　接交人：张颖　　　　　监交人：张燕

会计先核对了账面余额，告诉张颖，账面余额准确无误，并将孙敏的现金日记账翻开，指着最后的余额，让张颖和表中的账面余额核对，让张颖确认后，由张颖在出纳账簿移交表上现金日记账的"备注"栏中写上了"余额相符"字样，然后结合单据核对未入账收入和未入账支出。孙敏从保险柜中将收支单据取了出来，收入和支出已经分好类，孙敏拿出计算器，一张张计算给张颖看，然后又让张颖一张张计算，看有没有出入。

会计告诉张颖，公司规定出纳的备用金额度是10 000元，发工资的时候除外，其他时候，超过10 000元的部分都要存入银行。出纳每天编制现金日报表时，应该没有未入账收入和未入账支出。出纳现金移交表上的未入账收入和未入账支出都是昨天快要下班时发生的业务，孙敏已经编制好了现金日报表，所有收支单据都已经交给会计了。比如司机报销差旅费用，借的备用金是2 000元，实报1 735.60元，退回264.40元。而采购低值易耗品借的备用金是3 000元，实报2 685元，退回315元。

接下来的现金余额，就是"点票子"。孙敏将现金分得很仔细，佰元的钞票放在一起，伍拾元的、贰拾元的，拾元的，伍元的钞票一一分类。佰元的和伍拾元的钞票，她用点钞机过了一遍，然后又用手点了一遍，小面额的钞票她直接用手点了两遍。点过钞票后，孙敏用计算机加给张颖看，总额和出纳现金移交表上的数额相符。

(三) 实物票证移交

孙敏编制了出纳票证实物移交表，如表 1-3 所示。

表 1-3 出纳票证实物移交表

年　月　日

移交名称	内容	明细
1. 现金支票	1. 已用 10 张	04777301 - 04777310
	2. 未用 15 张，票号为：	04777311 - 04777325
2. 转账支票	1. 已用 20 张	06130001 - 061300020
	2. 未用 5 张，票号为：	061300021 - 061300025
3. 收款收据	1. 已用 15 张	0023501 - 0023515
	2. 未用 10 张	0023516 - 2203525
4. 财务印鉴	财务专用章（银行备案印鉴）	1 枚（由会计保管）
	法人代表章	1 枚

移交人：孙敏　　　接交人：张颖　　　监交人：张燕

第一项是支票。会计在张颖清点核对时指点她，如果支票开错了，一定要写上"作废"字样，并将作废的支票和支票存根一起保存，不能随意撕毁。

第二项是收据。张颖清点核对时，会计告诉她，支票和收据都是重要票证，一定要妥善保管。

第三项是印鉴。会计让张颖熟悉财务专用章，并告知张颖财务专用章由会计保管，同时将 1 枚法人代表章交由张颖保管。

第四项是钥匙，包括办公室的钥匙、保险柜的钥匙。

（四）移交密码与钥匙

孙敏手把手地教张颖怎样开启保险柜，怎样给保险柜上锁，以及怎样更改保险柜密码，并告诉她工作电脑密码，然后重新启动电脑，由张颖自己重置密码。

接下来，会计、孙敏和张颖来到银行。如果单位的银行备案印鉴是法人代表和出纳的，更换了出纳，就需要更换印鉴。在银行，工作人员将公司的发生额及余额表交给孙敏。孙敏交给会计，会计和自己抄过来的账面数核对无误后，一行三人回到公司，会计指导张颖在出纳账簿移交表中存款日记账的"备注"栏中写上"余额相符"字样，三人在出纳账簿移交表上一一签字。如果公司开通了网上银行，随时可以在电脑上查询余额，出纳交接时，就没有到银行去核对余额这一手续了。

孙敏离开后，会计边收拾出纳账簿移交表，边对张颖说："小张，出纳账簿移交是财务移交中的一个重要部分，必须由会计和财务负责人现场监交，这是财务纪律，是对移交人和接交人负责，也是对公司财务负责，移交后的资料还要存档。"

交接是一种岗位责任、风险的交接，是一种工作状态的交接。对于交出方，是卸下岗位责任，对于接交方，意味着接下这一岗位责任，如果在以后的工作中出现问题、风险,接交方就要义无反顾地承担下来。同时,移交也为责任的划分确定了一个法律上的时间界限。

点睛:交接交接,一交一接。交接的内容有哪些?一交账,二交钱,三交票证与印鉴,四交密码与钥匙,保管保密紧相连。

出纳岗位认知

任务 2 出纳岗位的内部牵制制度

 **任务情境**

人们都知道扁鹊医术高明,但他却说他的大哥医术最高明。

扁鹊说大哥治病于病情发作之前。一般人不知道他事先能铲除病根,所以他的名气无法传出去;二哥治病于病情初起之时,一般人以为他只能治轻微的小病,所以名气只及于乡里;自己治病于病情严重之时,一般人都看到自己进行在经脉上穿针管放血、在皮肤上敷药等大手术,所以以为自己医术高明。

事后控制不如事中控制,事中控制不如事前控制,可惜大多数组织财务工作的管理者不能认识到这一点,等到造成了重大的损失才寻求弥补,但为时已晚。

 **学习任务**

如果你是财务工作管理人员,你将如何结合财务相关法律、法规加强出纳内控管理?

 **任务目标**

通过网络认知出纳岗位与其他财务岗位的内部牵制关系,进而在从事出纳工作时认真遵守出纳岗位的内部牵制制度。

 相关知识

一、会计内部牵制制度介绍

会计内部牵制制度是为了增强会计资料的真实性、正确性、完整性和强化会计管理而制定的相互之间进行控制的一种制度,是内部控制制度的一种。

其内容包括:单位的职能部门和会计部门之间、职能人员与会计人员之间、会计人员之间,凡涉及会计工作职能权限的应建立相互牵制的制度,如出纳人员不得兼管稽核,会计档案保管和收入、费用、债权债务账目的登记工作等;有关会计凭证的编制、审核、传递、登记、装订、归档和保管的凭证流程制度;有关会计账簿的启用、记账、结账、对账、结转、交换、归档和保管的账簿流程制度;有关会计报表的编制、报送、审批、装订、归档和保管的报表流程制度;会计凭证、会计账簿和会计报表之间的相互核对、相互联系、相互制约的勾稽关系；根据会计法规的规定，建立内部财务会计制度、财产清查制度、内部审计制度等。

二、出纳岗位的内部牵制制度介绍

根据《中华人民共和国会计法》《企业会计准则》《企业会计制度》的相关规定，出纳岗位的内部牵制制度具体如下：

（1）严格按照国家有关现金管理和银行结算制度的规定，根据稽核人员审核签章的收付凭证，复核无误后，办理款项收付。对于重大的开支项目，必须经会计主管人员、单位领导审核签章方可办理；对于不符规定，以及未经稽核人员审核签章的收付凭证一律不予办理。收付办妥后，经办人员要在收付凭证上签章，并加盖"收讫、付讫"戳记。

（2）库存现金不得超过核定的限额，超过部分应及时存入银行。除零星开支由现金支付外，一律使用支票。不得挪用和任意"坐支"现金，不得以"白条"、有价证券抵冲现金。

（3）严格控制签发空白支票。如因特殊需要签发不填写金额的转账支票，必须经财务主管人员审批，并在支票上写明收款单位名称、款项用途、签发日期、规定限额，并由使用人在专设簿上登记签名，限期报账注销。严禁签发"空头支票"，填写错误的支票要加盖"作废"戳记与存根一并保存，支票遗失要立即向银行办理挂失手续。

（4）根据收付凭证的先后顺序登记现金和银行存款日记账，按日结出余额。现金余额每日应与库存现金核对相符后，编制现金余额表；银行存款余额在月末要与银行对账单核对，月末对双方的未达账要及时查询情况。严禁银行账户出租、出借给其他单位和个人结算。

（5）负责保管有关印章、空白支票、库存现金、有价证券，确保完整无损。印章要按规定使用，空白支票要设登记簿登记，按规定办理领用和注销手续。签发支票使用的各种印章，不得由出纳一人保管。

（6）负责保管未到期的银行票据，有责任对票据提示承兑、提示付款。发生承兑付款或拒绝承兑等情况时及时上报财务负责人，并按财务负责人的指示及时进行处理。

（7）负责审核往来账款岗位编制的公司客户购买产品明细表，并加盖印章。

（8）填开专用发票时，必须做到内容真实可靠、字迹清晰、全部款项内容完全一致。开具专用发票时必须按规定的时限填列，不能提前或推迟开具专用发票。除增值税专用发票外，其他发票、收据（如国税局的普通发票、公司内部印制的各种收付款凭据）等都应严格按《中华人民共和国发票管理办法》的规定正确使用和保管，不得转借、转让、串换、代开，不得自行扩大发票的使用范围。

（9）月末应编制专用发票、普通发票清单。详细填写开具发票的单位名称、购买产品的日期、名称、数量、规格。此清单一式两份，一份交主办会计，一份留存备查。

 **任务实施**

扫码学习财务内部牵制制度相关知识。

任务 3　出纳会计书写规范

 任务情境

杜先生常年给北京某饭店供应鸡、鸭。2019 年 3 月 21 日，饭店交付杜先生北京农村商业银行转账支票一张。此支票在交付时只记载了小写金额 1 121 元，收款人以及大写金额均未记载。同年 3 月 23 日，杜先生在未补记收款人以及大写金额的情况下，将支票交给他人。后来，此支票几经转手，在填写了大写金额"柒仟柒佰贰拾壹元"且小写金额被改为 7 721 元后，于 2019 年 5 月 27 日由刘先生持有。刘先生将支票交于河北三河某信用社，信用社自饭店账户上划款 7 721 元至刘先生的账户。饭店将信用社及杜先生告上北京市丰台区人民法院，要求他们承担连带责任，返还不当得利款 6 600 元以及利息 214.80 元。

 学习任务

法院审理后认为，从查明的事实来看，杜先生并未变造小写金额，信用社系正常办理结算业务，亦无过错，故饭店诉请的理由不能成立，对其诉请应予驳回。

从此案中可以得到什么启示？

 任务目标

通过出纳会计书写规范的学习，掌握会计凭证和账簿的书写规范。

相关知识

在会计的记账书写中，文字、数字及颜色等都会传达会计信息。如果书写错误会传达错误的信息，导致概念混乱，更严重的会给企业带来重大损失。众所周知，一个单位的会计资料（即会计人员记载的事项）少则保管 3 年、5 年，多则要永久保存。所以，会计的书写要求文字和数字必须整洁清晰、准确无误，这点尤为重要。

一、数码字书写规范

数码字（阿拉伯数字，俗称"小写数字"）是世界各国通用的数字，数量有 10 个，即 0、1、2、3、4、5、6、7、8、9，其笔画简单、书写方便、应用广泛。

财务内部牵制制度

课堂笔记

必须规范书写行为，符合手写体的要求：

（1）字迹清晰，不得涂改、刮补。

（2）顺序书写。应该从高位到低位、从左到右，按照顺序书写。

（3）倾斜书写。数码字的书写要有一定的斜角度，以向右倾斜60度为宜。

（4）位置适当。数码字的高度一般要求占全格的1/2为宜，以为改错留余地。

数码字手写体字样如图1-1所示。

图1-1　数码字手写体字样

（5）数码字书写要采用"三位分节制"计数法。

对于整数位在四位或四位以上的数，从个位起，向左每三位数字作为一节，用分节点","或空格隔开，如3,200或3 200；6,890,392或6 890 392。

（6）数码金额书写到分位为止，元位以下保留角、分两位小数。

①必须逐格顺序书写，"角""分"栏金额齐全。

②"角""分"栏无金额时，以"0"补位，或用"—"代替，如￥95 367.00或￥95 367.—。

③有"角"无"分"时，应在分位上补写"0"，不能用"—"代替，如￥95 367.30，而不能写成￥95 367.3或￥95 367.3—。

数码金额书写到分位的错误写法如图1-2所示，数码金额书写到分位的正确写法如图1-3所示。

图1-2　数码金额书写到分位的错误写法　　图1-3　数码金额书写到分位的正确写法

（7）"￥"的用法。

"￥"是人民币的符号，是汉语拼音"yuan"的缩写。该符号有双重含义，既代表人民币的币制，又含有"元"的意思。该符号用于人民币小写金额前。小写金额前填写人民币符号"￥"以后，数字后面不写"元"字。"￥"主要应用于填写票证（发票、支票、存单等）和编制记账凭证，在登记账簿、编制报表时，一般不使用"￥"。

> **小贴士**
>
> **单个数码字的书写要领**
>
> 书写"0"时,紧贴底线,圆要闭合,不宜过小,否则易被改为"9";几个"0"连写时,不要写连接线。
>
> 书写"1"时,要斜直,不能比其他数字短,否则易被改成"4""6""7""9"等。
>
> 书写"2"时,不能写"Z",落笔应紧贴底线,否则易被改成"3"。
>
> 书写"3"时,拐弯处光滑流畅,起笔处至拐弯处距离稍长,不宜过短,否则易被改成"5"。
>
> 书写"4"时,"∠"角要死折,即竖要斜写,横要平直且长,折角不能加油,否则易被改成"6"。
>
> 书写"5"时,横、钩必须明显,不可拖泥带水,否则易被改成或混淆成"8"。
>
> 书写"6"时,起笔处在上半格的1/4处,下圆要明显,否则易被改成"4""8"。
>
> 书写"7"时,横要平直明显(即稍长),竖稍斜,拐弯处不能圆滑,否则易与"1""9"混淆。
>
> 书写"9"时,上部的小圆要闭合,不留间隙,并且一竖稍长,略微出底线,否则易与"4"混淆。

二、中文大写数字书写规范

中文大写数字主要用于支票、发票、传票、合同数据等重要票据。中文大写数字庄重、笔画繁多、可防篡改,有利于避免混淆和经济损失。

(一)中文大写数字的写法

壹、贰、叁、肆、伍、陆、柒、捌、玖、零、亿、万、仟、佰、拾、元(圆)、角、分、整(正)。

(二)中文大写数字的书写规范

1. 字体与用字规范

一律用正楷或者行书体书写,不得用"〇、一、二(两)、三、四、五、六、七、八、九、十"等简化字及口语"块、毛"等字代替,不得任意自造简化字。

2. 大写金额书写规范

大写金额前未印有货币名称的,应当加填货币名称,货币名称与金额之间不得留有空白,货币名称后不能用冒号。

例如,¥1 354.00 的大写金额应表示为:

人民币壹仟叁佰伍拾肆元整

其他实物单位的大写数字前要加实物名称或"计""合计""总计"等字样。

例如，62 519 吨煤炭的大写数字应表示为：

煤炭陆万贰仟伍佰壹拾玖吨整

或

煤炭计陆万贰仟伍佰壹拾玖吨整

或

煤炭总计陆万贰仟伍佰壹拾玖吨整

3. "整"的用法

"整"的原始含义是"整数"，将其作为截止符在大写金额中使用，防止大写金额被人涂改。大写金额到元或角为止的，在"元"或"角"字之后应当写"整"或"正"字；大写金额有分的，"分"字后面不写"整"或"正"字。

例如，￥3 920.00 的大写金额应表示为：

人民币叁仟玖佰贰拾元整

4. "壹拾几"的"壹"不能丢

例如，￥128 045.14 的大写金额应表示为：

人民币壹拾贰万捌仟零肆拾伍元壹角肆分

5. "零"的写法

大写金额"零"的写法主要取决于小写金额中"0"出现的位置。

（1）小写金额中间有一个"0"时，大写金额一般要写"零"。

例如：￥4 703.00 的大写金额应表示为：

人民币肆仟柒佰零叁元整

（2）小写金额中间有连续几个"0"时，大写金额一般只写一个"零"。

例如：￥310 008.00 的大写金额应表示为：

人民币叁拾壹万零捌元整

（3）小写金额末尾有"0"的，大写金额一般不写"零"。

例如：￥5 200.00 的大写金额应表示为：

人民币伍仟贰佰元整

（4）小写金额元位是"0"或小写数字中间连续有几个"0"，元位也是"0"，但角位不是"0"时，大写金额可以只写一个"零"，也可以不写"零"。

例如：￥2 670.34 的大写金额应表示为：

人民币贰仟陆佰柒拾元零叁角肆分

或

人民币贰仟陆佰柒拾元叁角肆分

（5）小写金额元位和角位是"0"，但分位不是"0"时，大写金额只写一个"零"。

例如：￥203 810.06 的大写金额应表示为：

人民币贰拾万零叁仟捌佰壹拾元零陆分

(6) 小写金额分位是"0"时,可不写"零分"字样,后加"整"字。

例如:￥5.70 的大写金额应表示为:

　　人民币伍元柒角整

(7) 不能用"另"代替"零"。

(三) 中文大写票据日期的书写规范

票据的出票日期必须使用中文大写。为防止变造票据的出票日期,在填写月、日时,月为壹、贰和壹拾,日为壹至玖以及壹拾、贰拾和叁拾的,应在其前加"零";日为拾壹至拾玖的,应在其前加"壹"。如 1 月 15 日,应写成零壹月壹拾伍日;再如 10 月 20 日,应写成零壹拾月零贰拾日。

邀你来挑战

请按照正确的会计书写规范完成以下任务:

"邀你来挑战"
参考答案

做中学

(1) 将￥2 675.00 表示为大写金额:

(2) 将￥8 491.00 表示为大写金额:

(3) 将 $ 9 861.00 表示为大写金额:

(4) 将￥8 037.90 表示为大写金额:

(5) 将￥15.20 表示为大写金额:

(6) 将￥4 500 000.68 表示为大写金额:

任务实施

扫码学习出纳会计书写相关知识。

会计书写技能

任务4 手持式单指单张点钞法

 任务情境

在电视剧《人民的名义》第二集中,侯勇饰演的处级干部赵德汉受贿两亿多人民币,满墙、满冰箱、满床的人民币现钞让观众目瞪口呆。为统计赃款数目,陆毅饰演的检察官侯亮平叫来了银行工作人员和数台点钞机现场清点。

 **学习任务**

观看手持式单指单张点钞视频后动手操作,针对出现的问题,师生合作纠误、解疑,达到真正掌握的目的。

 任务目标

通过学习了解点钞方法的种类;理解手持式单指单张点钞法的操作规范;基本掌握手持式单指单张点钞法的操作规范;培养坚韧不拔的学习精神。

 相关知识

手持式单指单张点钞法是最基本、最常用的点钞方法。它适用于收款、付款和整点各种券别的整点工作。

一、手持式单指单张点钞法的基本步骤

手持式单指单张点钞法的基本步骤如下:

起钞→拆把→点数→扎把→盖章→完钞摆放。

(1)起钞:拿起钞票,如图1-4所示。

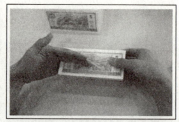

图1-4 起钞

(2) 拆把：把待点的成把钞票的封条拆掉，如图 1-5 所示。

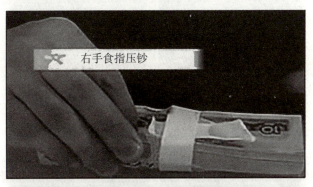

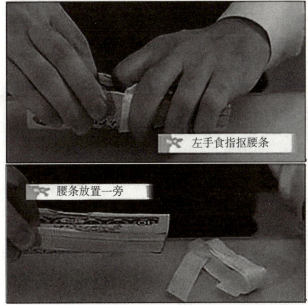

图 1-5　拆把

(3) 点数：手点钞，脑记数，如图 1-6 所示。

图 1-6　点数

(4) 扎把：把点准的钞票墩齐，用腰条扎紧，如图 1-7 所示。

(5) 盖章：在扎好的钞票的腰条上加盖经办人名章，以明确责任，如图 1-8 所示。

图1-7 扎把

图1-8 盖章

（6）完钞摆放：把钞票整齐地摆放在桌面上，如图1-9所示。

图1-9 完钞摆放

 小贴士

点钞记数法

记数与清点同时进行，可采用单数分组记数法记数。单数分组记数法把10作1记，有以下两种方法：

（1）末尾数变动法：

1，2，3，4，5，6，7，8，9，1（即10）；

1，2，3，4，5，6，7，8，9，2（即20）；

依此类推，数到1，2，3，4，5，6，7，8，9，10（即100）。

（2）首位数变动法：

1，2，3，4，5，6，7，8，9，10；

2，2，3，4，5，6，7，8，9，10；

3，2，3，4，5，6，7，8，9，10；

依此类推，数到0（即10），2，3，4，5，6，7，8，9，10。

二、点钞的基本要求

（一）坐姿端正

直腰挺胸，身体自然，肌肉放松，双肘自然放在桌上，持票的左手腕部接触桌面，右手腕部稍抬起，如图1-10所示。

图1-10 坐姿示意

(二) 操作定型，用品定位

顺着拿钞的方向把钞票整齐地放在前方，扎钞条顺着拿钞的方向摆放在右边，水盒、笔和名章是常用物品，一般放在右边，以便于使用，如图 1-11 所示。

图 1-11　操作准备示意

(三) 点数准确

点钞技术的关键是一个"准"字，清点和记数的准确是点钞的基本要求。点数时一要精神集中，二要定型操作，三要手点，脑记，手、眼、脑紧密配合，如图 1-12 所示。

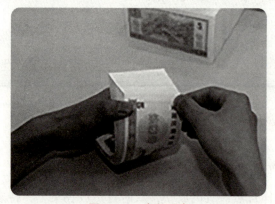

图 1-12　点数示意

(四) 扎把捆紧

扎小把，以提起把中第一张钞票不被抽出为准；按"#"字形捆扎的大捆，以用力推不变形，抽不出票把为准，如图 1-13 所示。

(五) 盖章清晰

腰条上的名章是分清责任的标志，要清晰可辨，如图 1-14 所示。

图1-13 扎把示意

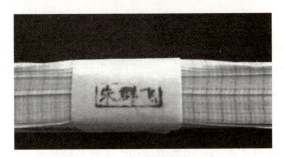

图1-14 盖章示意

(六)动作连贯

点钞过程的各个环节(拆把、清点、墩齐、扎把、盖章)必须密切配合,环环相扣,双手动作协调,注意减少不必要的小动作,如图1-15所示。

图1-15 动作示意

手持式单指单张点钞法

课堂笔记

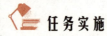 **任务实施**

扫码学习手持式单指单张点钞法。

任务5　印章的使用

 任务情境

又是一年大学毕业季，辽宁农业职业技术学院辅导员王老师陆续收到了同学们邮寄的就业协议，但这里不乏有些同学盖错了印章，导致就业协议不合格，需要重新书写并加盖公章。那么公章是怎样一种印章？出纳人员在日常工作中都要和哪些主要的印章打交道，其各自的使用范围又是怎样的呢？

 学习任务

印章在出纳人员的日常工作中是必不可少的，出纳人员应该熟知不同印章的不同用处，并能够熟练运用。

 任务目标

通过学习正确识别各种印章并了解各自的使用范围，进而在日常出纳工作中能够按照印章的使用规范正确使用印章，以避免给单位造成无法挽回的损失；树立认真谨慎的工作态度。

相关知识

印章是指企业日常工作中使用的单位和个人的各种签章。

一、印章的识别及适用范围

（一）公章

公章是代表本单位的印鉴，主要使用在证明、协议、规定、介绍信等书面文件中。

（二）财务专用章

财务专用章是代表本单位财务事项的印鉴，主要用于收据、银行备案印鉴等。

（三）发票专用章

发票专用章是代表本单位开具发票的印鉴，主要用于各类发票。

（四）法定代表人私章

法定代表人私章也称法人章，主要用于银行备案印鉴及法定代表人的事项。

（五）现金收讫、付讫章

现金收讫章用于表示收到现金；现金付讫章用于表示付出现金。

（六）作废章

作废章表明作废，主要用于在发票、收据、文件等填写错误后盖印。

（七）私人章

私人章是办理人加盖印鉴的证明。

邀你来挑战

判断表1-4所列印章归类是否正确。

表1-4 正确识别印章

印章名称	印章图示	是否正确	印章名称	印章图示	是否正确
公章	北京出与纳股份有限公司 ★		作废章	作 废	
法定代表人私章			现金收讫章	现金付讫	
发票专用章	北京出与纳股份有限公司 ★ 财务专用章		现金付讫章	现金收讫	
财务专用章	北京出与纳股份有限公司 110105679644387 发票专用章		经办人员名章	亮王 印洪	

二、印章的刻制和盖章的方法

印章的刻制如图1-16所示。

盖章的方法如下：

（1）将印章均匀蘸色，先在其他纸面试盖印章，看印鉴是否清晰；

（2）在票据提示盖章的位置盖章；

（3）使用印章后收存印章，若要将印章带离公司，需办理报批和登记手续。

图1-16 印章的刻制

 小贴士

财务印章管理制度

1. 制定财务印章管理制度的目的

制定财务印章管理制度的目的是保证公司财务会计核算的正常进行，加强内部控制机制，维护公司资金财产安全。

2. 财务印章的使用

（1）所有财务工作用印，需填写《财务印章使用登记簿》。《财务印章使用登记簿》作为用印档案由财务印章保管人留存，重要用印资料需复印备份存档。

（2）办理各项收入业务：

①检查各项收入是否符合法律、法规和制度规定，单价和收费标准是否准确。

②检查是否有齐全的计量发货手续，数量、金额计算是否准确。

③与有关文件、拨款单、合同等核对，看是否一致、有无差错。

待以上各项逐一核对无误后，方可办理收款业务，并在相关收款凭证上加盖财务印章。

（3）办理各项支出业务

①检查原始凭证是否合法、齐全，是否符合要求。

②与计划、合同、计量支付证书等核对，看是否一致、有无差错。

③检查有无经办人、计量人、验收人、经办部门负责人、会计主管签字，有无领导审批签字。

④检查付款凭证和银行票据金额是否相符，填写是否符合要求，有无差错。

待上述各项逐一核对无误后，方可在银行付款票据上加盖财务印章。

（4）财务印章应严格按照规定的业务范围和批准程序使用，不得乱用、错用。财务印章保管人应负起监印责任，严格审查，注意内容，防止漏洞。

3. 财务印章的保管

（1）财务印章由会计主管负责保管。公司法人代表或其授权人保管法人代表人私章，出纳、会计保管本人印章。

（2）财务印章保管人员一律不得将财务印章转借他人，否则所造成的后果由财务印章保管人员负责。

（3）财务印章原则上不许带出公司，确因工作需要将财务印章带出使用的，应事先填写《财务印章使用登记表》，载明事项，经领导审批，由两人共同使用。

（4）财务印章必须安全存放，做到"人走章走，随用随锁"；财务专用章或法人代表名章必须放入保险柜保管。

（5）若财务印章不慎丢失，保管人员应立即向银行挂失并向公司领导和会计主管报告，登记作废并及时更换财务印章。

（6）对伪造、变造、未经批准刻制财务印章或使用伪造、变造的财务印章构成犯罪的，移交公安司法机关处理。

（7）保管财务印章的人员离职时，办理财务印章交接手续后方可办理离职手续。

4. 不得用印的情况

有下列情况之一的，财务印章保管人员不得用印：

（1）涉及个人财产、经济、法律纠纷等方面的文件、材料；

（2）未批准的文件、材料；

（3）空白介绍信、空白凭证、其他空白页等。

5. 财务印章的作废和销毁

（1）财务印章的作废包括不适用作废、磨损作废、损失作废等。

（2）经确认可作废的财务印章由保管人提出销毁申请，会计主管批准后销毁，销毁时会计主管应在场监销。

任务实施

扫码学习印章使用相关知识。

印章知多少

项目1　知识测试与能力训练[①]

一、单项选择题

1. 下列选项中，体现办理现金业务不相容岗位相互分离的是（　　）。

A. 由出纳人员兼办会计档案保管工作

B. 由出纳人员兼办收入总账和明细账的登记工作

C. 由出纳人员保管签发支票所需全部印章

D. 由出纳人员兼办固定资产明细账及总账的登记工作

---

① 本书"知识测试与能力训练"所涉及部分知识点在项目中并未介绍，读者可自行学习并掌握，特此说明。

2. 下列选项中，不符合现金管理的基本原则的是（　　）。
   A. 钱账分管原则　　　　　　　　B. 收付合法原则
   C. 日清月结原则　　　　　　　　D. 禁止"坐支"现金
3. 从银行提取现金，出纳人员除了填写支票外，还应填写（　　）。
   A. 支票领用簿　　　　　　　　　B. 发票领用簿
   C. 收据领用簿　　　　　　　　　D. 以上均不对
4. 从账簿的外形看，现金日记账和银行存款日记账，应采用（　　）账簿。
   A. 订本式　　　B. 活页式　　　C. 卡片式　　　D. 三栏式
5. 已开具的发票存根联和发票登记簿应当保存（　　）年。
   A. 10　　　　　B. 20　　　　　C. 15　　　　　D. 5
6. 现金日记账和银行存款日记账保管期限为（　　）年。
   A. 10　　　　　B. 15　　　　　C. 20　　　　　D. 25
7. 下列有关会计专用章的说法中错误的是（　　）。
   A. 对会计专用章的保管、使用必须建立"印章及重要物品保管使用登记簿"，并在登记簿上加盖印章印模，凡印章的领取、分发、启用、交接、停用、上缴和销毁等都必须在登记簿上详细记载，并由有关人员签章
   B. 在营业时间，会计专用章的使用必须做到：专匣上锁，固定存放；临时离岗，人离章收
   C. 在非营业时间，会计专用印章必须由保管、使用人专匣上锁后放入抽屉保管
   D. 会计专用章不得分人用印，严禁个人之间私自授受会计专用印章；非经办人员严禁动用会计专用章

二、多项选择题

1. 以下属于出纳工作的有（　　）。
   A. 现金的收付及保管　　　　　　B. 银行存款的收付及管理
   C. 财务印章的保管　　　　　　　D. 库存现金总账的登记
   E. 有价证券的整理和保管
2. 一名合格的出纳人员应具备（　　）。
   A. 良好的职业道德　　　　　　　B. 良好的工作态度
   C. 较强的政策水平　　　　　　　D. 熟练的专业技能
3. 出纳人员要具备良好的职业道德，应做到（　　）。
   A. 爱岗敬业　　　B. 廉洁自律　　　C. 客观公正
   D. 强化服务　　　E. 保守秘密
4. 辨认真假币的方法有（　　）。
   A. 看水印　　　B. 听声音　　　C. 看图案
   D. 看安全线　　E. 摸图案　　　F. 用验钞机鉴别
5. 点钞方法具体包括（　　）。
   A. 手持式单指单张点钞法　　　　B. 手按式点钞法
   C. 扇面式点钞法　　　　　　　　D. 手持式点钞法

6. 企业发生的下列支出中，按规定可使用资金支付的有（　　）。
   A. 支付职工张添差旅费 3 000 元
   B. 支付银行承兑汇票手续费 1 000 元
   C. 支付李明困难补助 800 元
   D. 支付购置设备款 6 000 元
   E. 支付采购材料款 10 000 元

7. 关于现金管理，下列说法中正确的有（　　）。
   A. 在国家规定的范围内使用现金结算
   B. 库存限额一经确定，不得变更
   C. 收入的现金必须当天送存银行
   D. 必须每天登记现金日记账

8. 下列选项中符合现金使用范围的业务有（　　）。
   A. 发放职工工资 78 456 元
   B. 公司饭堂购买农副产品支付价款 5 700 元
   C. 办公室购买办公用电脑 3 台，合计价款 13 000 元
   D. 支付差旅费预借款 3 000 元

9. 由出纳人员负责登记和保管的账簿有（　　）。
   A. 现金日记账   B. 现金总账
   C. 银行存款日账   D. 银行存款总账

10. 从账簿的账页看，现金日记账和银行存款日记账应采用（　　）账簿。
    A. 三栏式   B. 数量金额式
    C. 横线登记式   D. 多栏式

11. 出纳工作包括（　　）。
    A. 现金的收付及保管   B. 银行存款的收付及管理
    C. 财务印章的保管   D. 有关单据的整理和保管
    E. 有价证券的整理和保管

12. 出纳工作的交接包括（　　）。
    A. 现金，包括现钞、外币、金银珠宝、其他贵重物品
    B. 有价证券，包括国库券、债券、股票等
    C. 支票，包括空白支票，不含作废支票
    D. 发票，包括空白发票和已用发票（含作废发票）
    E. 收款收据，包括空白收据、已用收据（不含作废收据）

13. 出纳归档资料包括（　　）。
    A. 出纳凭证   B. 出纳账簿
    C. 出纳报告   D. 银行存款对账单
    E. 作为收付款依据单的各种经济合同和文件

14. 下列关于会计印章的说法中错误的是（　　）。
    A. 业务用公章：用于挂失申请书、退汇通知书、委托收款/托收承付的发出和结算业务的查询、查复
    B. 结算专用章：用于委托收款和托收承付回单等

C. 办讫章：用于银行汇票解讫通知划回、单位收账通知、现金收款凭证、现金付款凭证、储蓄存取款回执等一般日常业务凭证

D. 汇票专用章：由除汇票保管人员、签发人员、编押人员和压数机保管人员以外的人员保管、使用

三、判断题

1. 在现金收款业务中，单位出纳人员如发现假币应马上没收。（　）
2. 一纸币票面缺少面值在 30 平方毫米的人民币仍可以继续流通。（　）
3. 纸币票面污渍、涂写字迹面积超过 2 平方厘米的；不超过 2 平方厘米，但遮盖了防伪特征之一的人民币不宜流通。（　）
4. 能辨别面额，票面剩余四分之三（包含四分之三）以上，其图案、文字能按原样连接的，可按原面额全额兑换。（　）
5. 一般情况下，企业发生的少量零星开支可直接从本单位的现金收入中支付。（　）
6. 单位开支在 1 000 元以上的业务，均通过银行转账进行结算。（　）
7. 按《票据法》的规定，不准签发空头支票，不准签发远期支票。（　）
8. 在实际工作中，业务量较少的单位使用将现金日记账和银行存款日记账合为一本的出纳日记账。（　）
9. 出纳人员要对空白支票加强管理，对于作废的支票可以将其撕掉。（　）
10. 因为收据不用到税局购买，所以可以随便使用，开错了撕毁也是可以的。（　）
11. 各种会计专用章必须严格按规定的范围使用，严禁错用、串用、提前或过期使用。会计专用章一律不得携带出本单位、本部门使用。严禁在空白凭证、空白报表、空白公文纸上预先加盖各类会计专用章。（　）

四、业务操作题

1. 大写金额转换成小写金额。
   (1) 人民币捌佰元整；
   (2) 人民币伍万零叁佰元整；
   (3) 人民币玖万零柒角贰分；
   (4) 人民币叁仟伍佰元零叁角整；
   (5) 人民币贰拾叁万元整。
2. 将小写金额转换成大写金额。
   (1) ¥24.36；
   (2) ¥32 204.00；
   (3) ¥3 024.00；
   (4) ¥8 000.08；
   (5) ¥10.00。
3. 将小写票据日期转换成大写票据日期。
   (1) 2020 年 8 月 5 日；
   (2) 2021 年 2 月 13 日。

项目 2

库存现金结算业务

知识目标

(1) 熟悉《现金管理暂行条例》的内容；
(2) 掌握收入、费用现金收支业务范畴；
(3) 掌握往来款项现金收支业务范畴；
(4) 掌握企业库存现金存取业务办理相关要求。

技能目标

(1) 能够填制、审核收据、收款通知、费用报销单、发票等相关原始凭证；
(2) 会按照规范流程和方法办理收入、费用现金收支业务；
(3) 会按照规范流程和方法办理往来款项现金收支业务；
(4) 能够填制、审核现金支票、现金缴款单等相关原始凭证；
(5) 会按照规范流程和方法进行库存现金存取业务的办理。

素质目标

(1) 培养学生自觉遵守并执行现金管理的基本原则与规定的素养；
(2) 培养学生认知现金流动的重要性，树立理财规划意识；
(3) 培养学生树立正确的职业道德观念——临财毋苟得，临难毋苟免。

会人会语

富翁与乞丐的故事

某富翁遇到一个乞丐，看到其衣衫单薄，动了恻隐之心，掏钱时发现身上只有一张100元的钞票。富翁想：把钱给了乞丐午饭怎么解决？于是富翁把价值1 000元的大衣脱下来送给乞丐，可乞丐接过来后又马上还给他说："你还是给我现金吧，衣服不能拿去买饭吃！"

故事说明了什么道理？

点评：

这个故事说明了现金流动的重要性。

对于企业来说，是不是企业内部存放的库存现金越多越好呢？

事实上，企业在现金使用方面是有限额及相关管理规定的。

本项目介绍了库存现金的使用范围及限额，以及收入、费用现金收支业务，往来款项现金收支业务，库存现金存取业务的处理。

任务1　库存现金的使用范围及限额

 **任务情境**

张颖在实习的第二天，跟师傅去银行把单位超过现金使用限额部分存入银行。她问师傅单位不是有保险柜吗？放在里面很安全的，多方便呀！师傅说你的问题问得非常好，然后耐心地给张颖解答。

 **学习任务**

如果你是张颖的师傅，你会怎么给张颖解答？

任务目标

通过完成学习任务，认识库存现金的内涵，进而明确库存现金的使用范围，在日常的出纳实际工作中严格按照库存现金限额管理制度的规定办理库存现金的业务，当好企业的管家。

 相关知识

一、库存现金的含义

库存现金是指存放在企业财务部门，由出纳人员保管的作为日常零星开支所需要的现钞，包括库存的人民币和各种外币。

库存现金是流动性最大的一种货币资金，它可以随时用于购买所需物资、支付日常零星开支、偿还债务等。

二、现金管理基本原则

根据《现金管理暂行条例》的规定，现金管理应遵循以下四大原则：收付合法、钱账分管、收付两清、日清月结。

(一) 收付合法

各单位在收付现金时必须符合国家的有关方针、政策和规章制度。这里的"合法"有两层含义：其一，现金的来源和使用必须合法；其二，现金收付必须在合法的范围内进行。

(二) 钱账分管

钱账分管即管钱的不管账，管账的不管钱。为了保证现金的安全，会计工作岗位要有明确的分工，在财务部门内部建立相互制约和相互监督的机制。企业应配备专职出纳人员负责办理现金收付业务和现金保管业务，任何非出纳人员均不得经管现金，以便于相互核对账务，防止贪污盗窃和错账差款的发生。经管现金的出纳人员不得监管收入、支出、债权债务账簿的登记工作、稽核工作和会计档案保管工作。

(三) 收付两清

为了避免在现金收付过程中发生差错，防止发生长、短款，收付时要复核。不论工作繁忙与否、金额大小或对象类型，出纳人员对收付的现金都要做到收付款当面点清，对来财务部门办理现金收付的人员，要督促他们当面点清钱款，如有差错及时当面解决，以保证收付两清。

(四) 日清月结

出纳人员必须对每天发生的现金收付业务进行清理，全部计入库存现金日记账，并结出当天的库存现金账面余额，并与库存现金实有数额核对，保证账实相符。库存现金日记账至少每月结一次账，业务多的可几天或半月定期结一次账，并与其他相关账核对，以保证账实相符。

三、现金管理基本规定

(一) 严格遵守库存现金限额

库存现金限额是国家规定的由开户银行给各单位核定的一个保留现金的最高额度。

为了保证现金的安全，规范现金管理，同时保证开户单位的现金正常使用，按照《现金管理暂行条例》及实施细则的规定，库存现金限额由开户银行和开户单位根据具体情况商定，凡在银行开户的单位，银行根据实际需要核定3~5天的日常零星开支数额作为该单位的库存现金限额。边远地区和交通不便地区的开户单位，其库存现金限额的核定天数可以适当放宽到5天以上，但最多不得超过15天的日常零星开支的需要量。

库存现金限额每年核定一次，经核定的库存现金限额，开户单位必须严格遵守。其核定具体程序如下：

(1) 开户单位与开户银行协商核定库存现金限额。

$$库存现金限额 = 每日零星支出额 \times 核定天数$$

每日零星支出额 = 月（或季、年）平均现金支出额/月（或季、年）平均天数

式中，月（或季、年）平均现金支出额不包括定期的大额现金支出和不定期的大额现金支出。

(2) 开户单位填制库存现金限额核定表。

库存现金限额核定表见表2-1。

表2-1 库存现金限额核定表

单位名称：
开户银行：　　　　　　　　　　　　　　　　　　　职工人数：
账　　号：　　　　　　　　　　　　　　　　　　　单　　位：元

部门＼限额	库存限额		找零备用金定额		简要说明
	申请数	核定数	申请数	核定数	
1. 财务出纳部门					财务部门每天零星开支的平均金额为____元。
2. 各附属单位					
(1)					
(2)					
核准单位盖章　　　　　　年 月 日		开户银行意见　　　　　　年 月 日		申请单位盖章　　　　　　年 月 日	

(3) 开户单位将申请批准书报送单位主管部门，经主管部门签署意见，再报开户银行审查批准，开户单位以开户银行批准的限额作为库存现金限额。

开户单位经开户银行核定了库存现金限额后，必须严格将库存现金控制在核定的限额内，超出库存限额的现金必须及时送存银行，库存现金不足限额的，可向银行提取现金，不得在未经开户银行准许的情况下"坐支"现金。

(二) 严禁私设"小金库"和用"白条"抵库

(1) "小金库"，是指不在本单位财务部门列支列收，私自在单位库存之外保存的现金和银行存款。私设"小金库"是侵占、截留、隐瞒国家和单位收入的一种违法行为，会扰乱各单位正常的现金收支业务。更严重的是，"小金库"还为各种违法乱纪活动提供了"温床"，危害极大。因此，国务院历来强调严禁各单位私设"小金库"。

(2) 用"白条"抵库，是指用不符合财务制度规定和审批手续的字条或单据，顶抵库存现金的做法。用"白条"抵库会使实际库存现金减少，造成正常业务开

支所需的现金不足,各种现金收付业务得不到及时的账务处理,很容易导致财务管理出现混乱。"白条"未经合法手续审批,用"白条"随意支取现金会产生挪用、挥霍和贪污公款等现象,给不法分子以可乘之机。"白条"一旦丢失,无据可查,会给单位或个人造成不该有的损失。

(三) 实行收、支两条线,不准"坐支"现金

"坐支"现金,是指企事业单位、机关团体、部队将本单位的现金收入直接用于现金支出。各单位的现金收入应于当日送存银行,如当日确有困难,由开户单位确定送存时间,如遇特殊情况需要"坐支"现金,应该在库存现金日记账上如实反映"坐支"情况,并同时报告开户银行,以便于银行对"坐支"金额进行监督和管理。

(四) 遵循现金管理"八不准"

按照《现金管理暂行条例》及其实施细则的规定,企事业单位和机关团体、部队现金管理应遵循"八不准":

(1) 不准用不符合财务制度的凭证顶替库存现金;
(2) 不准单位之间互相借用现金;
(3) 不准谎报用途套取现金;
(4) 不准利用银行账户代其他单位和个人存入或支取现金;
(5) 不准将单位收入的现金以个人名义存入银行;
(6) 不准保留账外公款;
(7) 不准发行变相货币;
(8) 不准以任何票券代替人民币在市场上流通。

四、库存现金使用范围

我国《现金管理暂行条例》第五条规定,开户单位可以在下列范围内使用现金:

(1) 职工工资、津贴;
(2) 个人劳务报酬;
(3) 根据国家制度条例的规定,颁发给个人的科学技术、体育等方面的各种奖金;
(4) 各种劳保、福利以及国家规定对个人的其他支出;
(5) 向个人收购农副产品和其他物资的价款;
(6) 出差人员必须随身携带的差旅费;
(7) 结算起点(1 000元)以下的零星支出;
(8) 中国人民银行确定需要现金支付的其他支出。

【例2-1】

某单位2020年库存现金累计支出2 120 000元,其中工资津贴为1 400 000元,该单位距离银行很近,交通便利。求2020年库存现金限额。

分析思路如下:

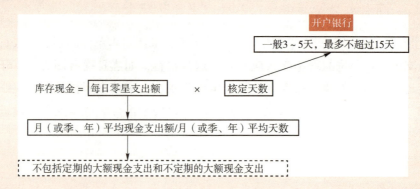

由于该单位距离银行很近,交通便利,所以保留3~5天库存现金使用额。

库存现金限额(下限) = (2 120 000 - 1 400 000) ÷ 360 × 3 = 6 000 (元)

库存现金限额(上限) = (2 120 000 - 1 400 000) ÷ 360 × 5 = 10 000 (元)

所以该单位2020年库存现金最高限额为10 000元。

思考分析

请问企业为什么要限额保管现金?商业企业的零售门市部所保留的找零备用金、购货款项和工资发放等支出在库存现金限额之内吗?

做中学

库存现金使用范围及限额

库存现金有使用限额规定的原因

课堂笔记

任务实施

扫码学习库存现金的使用范围及限额相关知识。

任务2 收入、费用现金收支业务

任务情境

某日,初涉出纳工作的张颖收到了销售部交来的销售货款,开具了增值税专用发票,又给销售部报销了租赁费。

学习任务

作为出纳人员,应如何与其他部门及相关人员协调完成上述收入、费用现金收支业务?

任务目标

结合现金收入、费用报销业务工作流程,明确办理收入、费用现金收支业务的流程,认识出纳人员与其他部门协调办理收入、费用现金收支业务的关系,耐心、热情地接待单位内部、外部到财务部门办理业务的人员。

相关知识

一、办理现金收入业务

1. 现金收入的内容

现金收入是指各单位在其所开展的生产经营和非生产经营业务中取得的现金。它包括发生销售商品、提供劳务等业务时的现金收入,机关团体、企事业单位提供非经营服务而取得的现金收入,单位内部的现金收入,出差人员退回的差旅费多借款项,向单位职工收取的违反制度罚款,执法单位取得的罚没收入等。各单位收入的现金按性质可分为图2-1所示的几种。

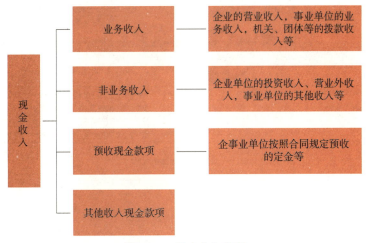

图2-1 现金收入内容

2. 现金收入管理原则

出纳人员在进行现金收入管理时,应掌握一定的方法,按照基本的规定办理现金收入业务,主要内容如下:

(1)不得瞒报、多报、少报、误报收入。

①实行部门经理负责制。销售收入或劳务收入由业务部负责人统一监控,非经营性收入由各部门负责人监控。

②收入凭证由专人保管、开具。凡是涉及现金收入的凭证,如发票、内部收据、财务专用章及发票专用章等,一律由出纳人员或专人专门负责开具及保管,定期盘点

核对时,保证收款与开出凭证的金额一致,严禁开具大头小尾的收入凭证。

③账实核对。凡涉及商品销售的,所有库存商品的发出必须与相应的收入或其他用途对应;凡涉及实物增减的,也应与相应的去向符合。

(2)严格办理现金收入手续。

①审查现金收入的合法性。在处理日常业务收入现金时,必须严格遵守国家现金收入范围的规定,不得在出售商品的金额超过结算起点时,拒收银行结算凭证而收取现金,或按一定比例搭配收取现金等。

②现金收入要一笔一清。收取现金时,要清点完一笔之后再清点另一笔,几笔收款不能混在一起办理,以免混淆或调换。一笔款项未办理妥当,出纳人员不得离开座位;收款过程应在同一时间内完成,不准收款后过一段时间再开发票或收据;对已完成收款的收据应加盖"现金收讫"字样。出纳人员与付款人当面点清钱款后,应再询问一次付款人金额是否正确,如付款人无异议,即可将发票或收据交给付款人,至此现金收入手续才算结束。

③现金收入要及时送存银行。出纳人员应严格控制收款日期和收款金额,保证本单位应得的收入及时收取,不缺、不溢并及时送存银行。

3. 现金收入原始凭证

在办理现金收入业务时,不同的单位会涉及多种原始凭证,原始凭证主要包括发票、收据和内部收据3种。随着互联网、人工智能的发展,现在很多企业支持开具电子发票,如图2-2所示。

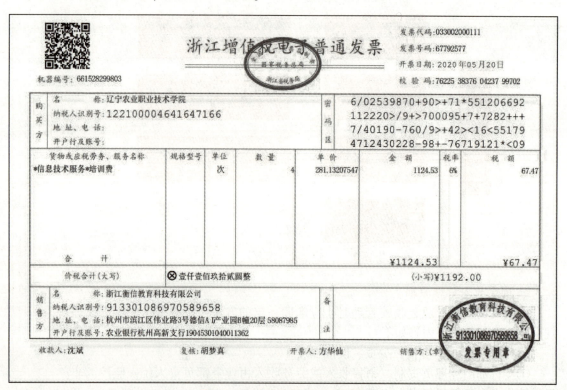

图2-2 电子普通发票的发票联

4. 销售收取现金业务工作过程及岗位对照

销售收取现金业务工作过程及岗位对照如图 2-3 所示。

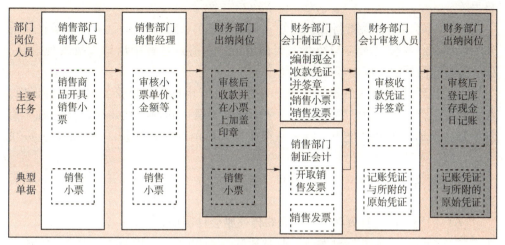

图 2-3　销售收取现金业务工作过程及岗位对照

（一）零星销售商品收取现金业务

【例 2-2】

2020 年 5 月 11 日，宏伟商品贸易有限公司进行促销活动，销售部出售学生课桌 10 件，含税单价为 113 元，增值税税率为 13%，应收取货款 113 元。作为零星销售商品收取现金业务，出纳人员以现金收取货款。

其业务流程如图 2-4 所示。

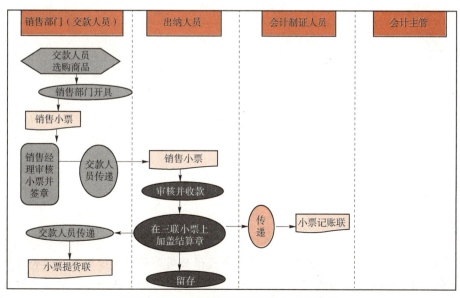

图 2-4　零星销售商品收取现金业务流程

（1）销售部门人员销售商品后，开出一式三联收款通知（销售小票）。

（2）由销售部门负责人审核销售小票并加盖印章，对于小型单位可不设此审核手续。

（3）顾客或销售人员将收款通知（销售小票）交出纳人员，由其根据收款通知收取现金；现金收入应与经办人当面点清，在清点过程中出纳人员发现短缺、假钞等特殊问题时，应由经办人负责。

（4）出纳人员对收款通知（销售小票）进行审核，如单价、金额是否正确，相关内容是否填制完整，签章是否齐全，审核无误后办理收款并在收款通知（销售小票）上加盖现金收讫章，将一联给交款人员用以开具发票，一联留存，一联交会计制证人员。

（5）交款人员持盖章的收款通知（销售小票）到销售部门开具发票并领取所购货物。

（6）销售部门开具发票后将记账联传递给会计制证人员。

（7）会计制证人员核对发票与收款通知（销售小票）相关项目内容，审核无误后据以编制现金收款凭证。

（8）会计审核人员审核记账凭证及所附原始凭证并在审核栏签章。

（9）出纳人员对上述收款凭证审核后在记账凭证出纳栏下加盖名章。

（10）出纳人员根据收款记账凭证逐日逐笔登记库存现金日记账，并将记账凭证交由会计人员登记总账和相关明细账。

（11）出纳人员每日终了结出库存现金日记账余额。

（12）出纳人员将库存现金日记账余额与库存现金实有数额核对，保证账实相符。

做中学

根据例2-2的资料，编写收取现金的会计分录。

做中学

（二）提供劳务收取现金业务

【例2-3】

2020年5月28日，营口勤缘会计服务有限公司向营口友勋服装有限公司收取代账服务费1 030元，作为零星收入以现金收取，出纳人员收妥款项后，开具普通发票，交会计盖章后一联交给客户交款人员，另一联作为原始凭证记账。

勤缘会计服务公司的账务处理为：
借：库存现金　　　　　　　　　　　　　　　　　1 030
　　贷：主营业收入　　　　　　　　　　　　　　　1 000
　　　　应交税费——应交增值税（销项税额）　　　　30

二、办理费用报销现金支付业务

企业因购买商品、接受劳务、租赁等发生的费用，如符合《现金管理暂行条例》规定的现金支出范围的，可用现金进行支付。

费用报销现金支付业务，包括用现金支付差旅费、租赁费等，需由会计人员和出纳人员配合完成。

一切现金支付业务都应取得相应的付款单据，由经办人签名，经主管和有关人员审核后，出纳人员才能据以付款，在付款后，应加盖"现金付讫"戳记，妥善保管。

费用报销现金支付业务工作过程及岗位对照如图2-5所示。

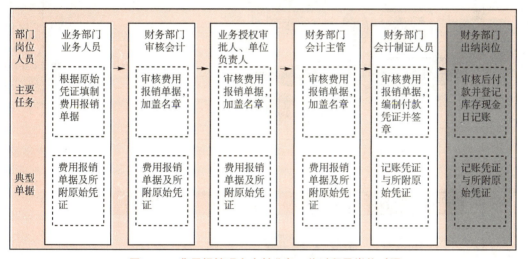

图2-5　费用报销现金支付业务工作过程及岗位对照

（一）费用报销现金支付业务

【例2-4】

2020年5月26日，李名博报销公司柜台租赁费980元，计入管理费用，出纳人员用现金支付。相关的账务处理如下：

借：管理费用——租赁费　　　　　　　　　　　　980
　　贷：库存现金　　　　　　　　　　　　　　　　980

在费用报销现金支付业务办理过程中，凭证要先后在会计审核人员→部门负责人→单位负责人→会计机构负责人→会计制证人员→出纳人员之间进行传递。

当然这个顺序也是不一成不变的。比如有些单位部门设置不完备，未必上述部门都具备；此外，单位负责人和会计机构负责人之间的顺序也有不同理解。先单位负责人，后会计机构负责人，容易出现会计机构负责人受单位负责人权威的影响，而在一定程度上审核不客观的问题；先会计机构负责人，后单位负责人，容易无法确定相关业务是否得到单位（负责人）的授权。不管采用何种顺序，各个环节的相关人员都必须尽职尽责。

企业费用报销现金支付业务流程如图2-6~图2-8所示。

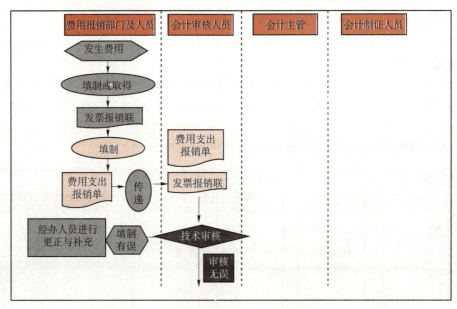

图2-6　企业费用报销现金支付业务流程（1）

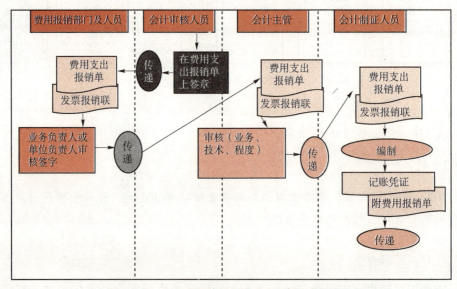

图2-7　企业费用报销现金支付业务流程（2）

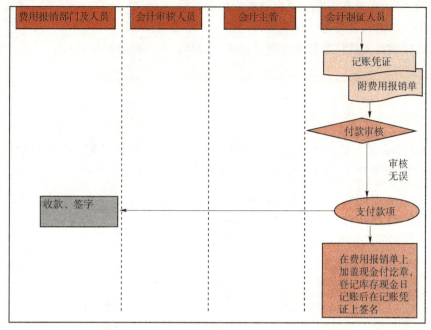

图2-8 企业费用报销现金支付业务流程（3）

（1）费用报销人员根据原始凭证填制费用支出报销单。

（2）费用报销人员持填制好的费用支出报销单到财务部门交由会计审核人员进行审核。会计审核人员应审核所附原始凭证的真实性、完整性、正确性，特别要按照本企业费用开支财务制度的规定，对各项费用是否应采用现金支付、支付金额是否符合规定等进行审核，并在审核后在费用支出报销单上加盖审核专用章及审核会计名章。

（3）由费用报销人员所在部门负责人审核。费用报销人员所在部门负责人主要对报销费用的真实性、合理性进行审核，如该笔费用是否经过审批或者是否是企业经营活动必需的费用开支，其金额是否合理，有无超过正常金额范围等。审核后，业务部门负责人应在原始凭证上签章（部门领导审核程序适用于大多数企业，但对于规模较小的企业也可直接交由单位负责人进行审核）。

（4）由单位负责人或总会计师等授权人员对上述票据再次进行审核并签章。

（5）会计主管再次就凭证的真实性、合法性、完整性、正确性进行审核并签章后交由会计制证人员编制付款凭证。

（6）会计制证人员编制上述业务的现金付款凭证并签章。

（7）会计审核人员审核记账凭证和原始凭证后在凭证上签章。

（8）出纳人员再次审核上述会计凭证后支付现金，并在费用支出报销单上加盖现金付讫章；出纳人员付款时应明确收款人，严格按合同、发票或有关依据记载的收款人进行付款，对于代为收款的，应当出具原收款人证明材料并与原收款人核实后，方可办理付款手续。出纳人员应明确付款用途，对于不合法、不合理的付款要求应当坚决给予抵制，并向有关领导汇报，对用途不明的款项，出纳人员可以拒付。

(9) 出纳人员在记账凭证出纳栏内加盖名章。

(10) 出纳人员登记库存现金日记账,并结出当日余额。

(11) 出纳人员将当日库存现金余额与库存现金实有数额核对。

(二) 商品采购现金支付业务

【例 2-5】

2020 年 6 月 5 日,营口振飞广告传媒有限公司因业务需要,采购 MATE20 手机一部,含税单价为 3 090.00 元,作为零星支出以现金支付货款。

结合企业费用报销现金支付业务流程(图 2-6~图 2-8),阐述业务流程及经办人员的工作内容,并编写相应的账务处理。

做中学

(三) 接受劳务现金支付业务

【例 2-6】

2020 年 6 月 6 日,营口振飞广告传媒有限公司接受营口景秀旅行社有限公司提供的旅游服务,含税价为 636.00 元,作为零星支出以现金支付。

结合企业费用报销现金支付业务流程(图 2-6~图 2-8),阐述业务流程及经办人员的工作内容,并编写相应的账务处理。

项目 2　库存现金结算业务　43

| 做中学 | |

费用报销现金
支付业务办理

任务实施

扫码学习费用报销现金支付业务办理及报销业务审核注意事项的相关知识。

点睛：现金收入："不见兔子不撒鹰，要想开发票，必须收到钱"；现金费用："报账报账，一手交钱，一手交账"。

报销业务审
核注意事项

任务3　往来款项现金收支业务

任务情境

最近半个月，张颖经常办理职工借款业务，比如：
(1) 公司职工汪冰因病住院向公司借款，15 日后又将该笔借款归还公司；
(2) 公司采购员李丽出差预借差旅费。

学习任务

借款是一项很普通、很普遍的业务。到底借还是不借呢？借多少？怎样办理手续？

财务有制度，公司有规定，一切按规章办理，特殊情况特殊处理。

通过本任务的学习，学生应能够在未来的工作中胜任出纳角色，正确办理往来款项现金收支业务。

任务目标

通过往来款项现金收支业务的学习，出纳人员能够按照往来款项现金收支业务办理要求和规范办理相关业务。

相关知识

往来款项，指企业在生产经营过程中发生的各种应收、应付款项及预收、预付款项。在实际工作中为了减少往来款项的差错，需要做好内部控制，进行准确的确认和计量。

在财产清查中，对于往来款项，不需要像"银行存款"账户每月都与有关单位核对，根据需要定期核定即可。

一、办理往来款项现金收支业务

往来款项现金收回业务，包括收回本单位职工借款、收回预借差旅费长款、收回外单位应收款等，单位在收回往来款项时应向交款单位或个人开具收据，收据的样式很多，图2-9所示为收据联，图2-10所示为记账联。

图2-9 收据联

图2-10 记账联

往来款项现金收支业务办理需由会计人员和出纳人员配合完成。

往来款项现金支付业务工作过程及岗位对照如图 2-11 所示，往来款项现金收回业务工作过程及岗位对照如图 2-12 所示。

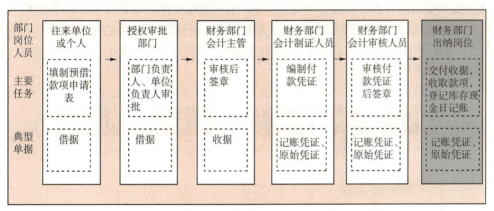

图 2-11　往来款项现金支付业务工作过程及岗位对照

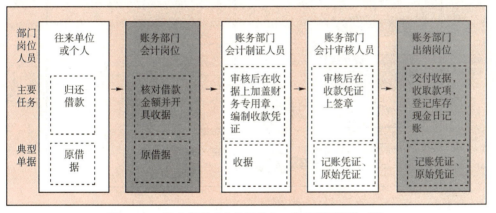

图 2-12　往来款项现金收回业务工作过程及岗位对照

【例 2-7】

张红系营口勤缘会计服务有限公司职工，2020 年 2 月 9 日因病住院借款 5 000 元，24 日将该笔借款归还公司。出纳人员根据相关凭证办理现金支付和收回业务。

往来款项现金支付业务办理流程如图 2-13 和图 2-14 所示，往来款项现金收回业务办理流程如图 2-15 和图 2-16 所示。

（1）张红到财务部门要求办理还款。

（2）会计人员核对张红借款金额并开具收据。

（3）会计制证人员审核后在收据上加盖财务专用章，并编制记账凭证。

（4）会计审核人员审核上述现金收款凭证，在审核栏签章后交由出纳人员办理收款。

（5）出纳人员对原始凭证和记账凭证进行再次审核。

(6)出纳人员收回张红款项,由出纳人员、经手人签章后交付收据。

(7)出纳人员在收据记账联上加盖现金收讫章。

(8)出纳人员根据记账凭证逐日逐笔登记库存现金日记账,并将记账凭证、收据记账联交由会计人员据以整理会计凭证、登记总账和相关明细账(账簿样表略)。

(9)出纳人员每日终了结出库存现金日记账余额(账簿样表略)。

(10)出纳人员将库存现金日记账余额与库存现金实有数额核对,保证账实相符。

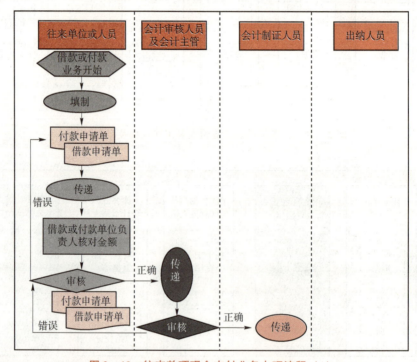

图2-13 往来款项现金支付业务办理流程(1)

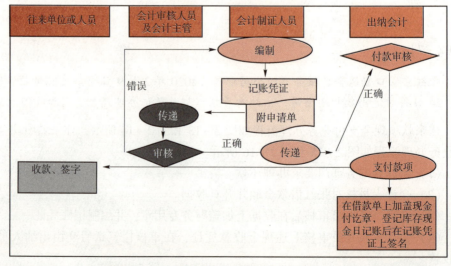

图2-14 往来款项现金支付业务办理流程(2)

项目 2 库存现金结算业务 47

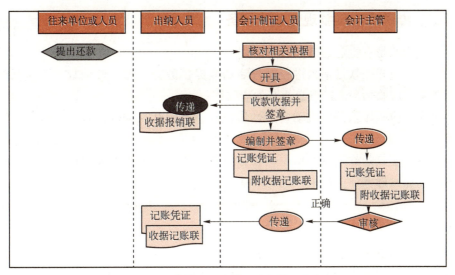

图 2-15 往来款项现金收回业务办理流程（1）

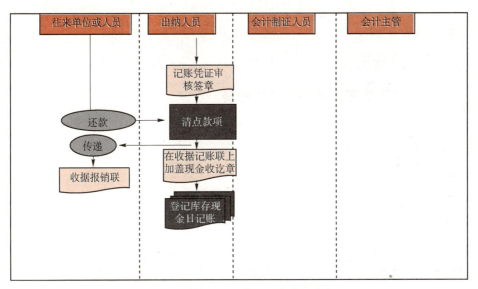

图 2-16 往来款项现金收回业务办理流程（2）

做中学

根据例 2-7 的资料，编写相关的会计分录。

做中学	（1）支付张红借款时：
	（2）收回张红还款时：

二、办理应收账款现金收回业务

应收账款是有特定的范围的。

首先,应收账款是指因进行销售活动或提供劳务而形成的债权,不包括应收职工欠款、应收债务人的利息等其他应收款;

其次,应收账款是指流动资产性质债权,不包括长期的债权,如购买长期债券等;

最后,应收账款是指本单位应收客户的款项,不包括本单位付出的各类存出保证金,如投标保证金和租入包装物保证金等。

【例2-8】

2020年6月9日,营口正大贸易有限公司收回营口永达文具用品商店(个体工商户)前欠货款1 500元。出纳人员根据相关凭证办理现金收入业务(相关凭证省略)。

该业务的相关会计分录如下:

借:库存现金　　　　　　　　　　　　　　　　1 500
　　贷:应收账款——营口正大　　　　　　　　　　　　1 500

三、办理其他应付款现金支付业务

现金支付往来款项业务,包括支付借款、应付款、押金等。

单位在用现金支付往来款项时,应由经办人员取得支付款项的收据和其他原始凭证,其业务办理需由会计人员和出纳人员配合完成。

办理其他应付款现金支付业务常用的借款单样式如表2-2所示。

表2-2　借款单

借款日期:　　　年　月　日　　　　　　　　　　　　　　　第　　号

单位或部门		部门领导指示		借款事由	
申请借款金额	金额大写人民币	万 仟 佰 拾 元 角 分			¥_____
批准金额	金额大写人民币	万 仟 佰 拾 元 角 分			¥_____
借款人		部门领导		财务主管	

【例2-9】

2020年6月10日,营口正大贸易有限公司采购员王美婷出差预借差旅费2 000元。3日后,王美婷出差回来,到公司报销差旅费1 800元。出纳人员根据相关凭证办理现金支付业务(相关凭证省略)。

办理预借差旅费流程如下：

（1）出差人员到财务部门领取并填制借款单。

（2）部门领导、单位负责人审核批准后签章。

（3）会计主管审核批准后签章。

（4）会计制证人员审核后编制现金付款凭证。

（5）会计审核人员审核后签章并交由出纳人员准备付款。

（6）出纳人员审核后支付现金；出纳人员付款时应明确收款人，严格按有关依据记载对收款人进行付款，对于不合法、不合理的付款要求应当坚决给予抵制，并向有关领导汇报，对用途不明的款项，出纳人员可以拒付。

（7）出纳人员在借款单上加盖现金付讫章。

（8）出纳人员根据收款记账凭证逐日逐笔登记库存现金日记账，并将会计凭证交由相关会计人员登记总账和相关明细账（账簿样表略）。

（9）出纳人员每日终了结出库存现金日记账余额（账簿样表略）。

（10）出纳人员将库存现金日记账余额与库存现金实有数额核对，保证账实相符。

 做中学

请根据例 2-9 的资料，编写相关的会计分录。

做中学	（1）借款时： （2）报销时：

四、办理应付账款现金支付业务

应付账款是指企业因购买材料、商品或接受劳务供应等经营活动应支付的款项。应付账款一般应在与所购买物资所有权相关的主要风险和报酬已经转移，或者所购买的劳务已经接受时确认。

【例 2-10】

2020 年 6 月 12 日，营口正大贸易有限公司以现金支付前欠营口鹏奥物流有限公司运输费尾款 800 元。出纳人员根据相关凭证办理现金支付业务（相关凭证省略）。

往来款项现金收支业务办理

往来款项现金支付业务办理

相关账务处理如下：
借：应付账款——营口鹏奥　　　　　　　　　　　800
　　贷：库存现金　　　　　　　　　　　　　　　　　　800

 任务实施

扫码学习往来款项现金收支业务办理知识。

任务4　库存现金存取业务

 任务情境

某公司出纳人员李红按照财务制度规定于每日末进行现金盘点，将超过限额的现金按时送存银行，同时根据单位的现金支付需要从银行提取现金，并对现金进行库存保管和序时记账。

 学习任务

正确办理库存现金的存取业务。

 任务目标

通过学习了解库存现金送存及提取业务办理流程，培养认真谨慎的工作精神。

 相关知识

支票，就是支出去的"钞票"。

一、办理现金缴存业务

单位必须按开户银行核定的库存限额保管使用现金，收取的现金和超出库存限额的现金，应及时送存开户银行。现金缴存业务工作过程及岗位对照如图2-17所示。

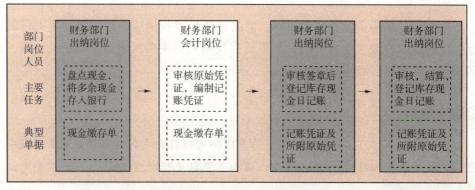

图2-17　现金缴存业务工作过程及岗位对照

缴存现金需要填写现金缴款单,如表 2-3 所示。

表 2-3　中国工商银行（　）现金缴款单（回单）

科目：　　　　　　　　　　　年　月　日　　　　　　对方科目：

收款单位	全称								款项来源	
	账号								缴款部门	
人民币（大写）		拾	万	仟	佰	拾	元	角	分	￥_____
券别	张数	仟		佰		拾	元	角	分	收款银行盖章
壹佰元										
伍拾元										
贰拾元										
壹拾元										
伍元										
贰元										
壹元										
伍角										
贰角										
壹角										

【例 2-11】

2020 年 7 月 10 日,某公司将超过限额的库存现金 2 800 元送存银行。出纳人员将银行盖章的现金缴存单转交会计制单并审核后,根据记账凭证登记库存现金日记账。

现金缴存业务流程如图 2-18 和图 2-19 所示。

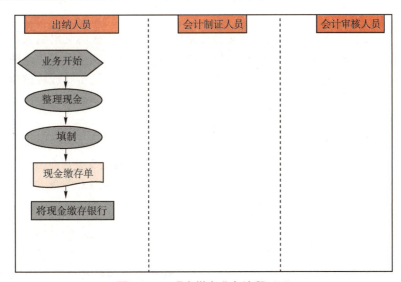

图 2-18　现金缴存业务流程（1）

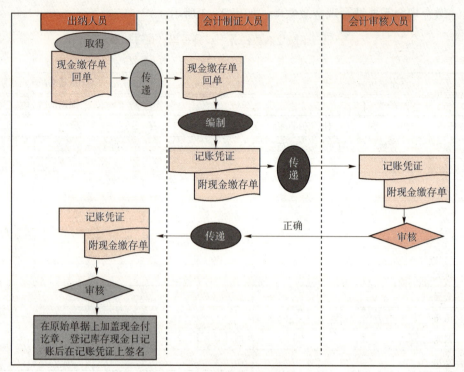

图 2-19 现金缴存业务流程（2）

（1）出纳人员清点票币，将同面额的纸币摆放在一起，按每 100 张为一把整理好，不够整把的，从大额到小额顺放；将同额硬币放在一起，壹元、伍角、壹角硬币，每 50 枚用纸卷成一卷，分币每 100 枚用纸卷成一卷，不足一卷的一般不送存银行，留作找零用。款项清点整齐核对无误后，再由出纳人员根据清点情况填写现金缴存单并将现金送存银行。

（2）出纳人员将银行退回的现金缴存单记账联交由会计制证人员编制记账凭证。

（3）会计制证人员将记账凭证交会计审核人员进行审核后交出纳人员。

（4）出纳人员对上述记账凭证审核后加盖名章并登记库存现金日记账。

（5）每日末结出库存现金日记账余额，并与库存现金的实有数额核对。

二、办理现金提取业务

提取现金需要填写现金支票，现金支票由正联和存根组成。正联加盖预留印鉴后作银行提现依据；存根撕下由会计制证人员作入账依据。现金支票背面由提现人加盖预留印鉴后或填写身份证号后用于提现。现金支票样票如图 2-20 和图 2-21 所示。

现金提取业务工作过程及岗位对照如图 2-22 所示。

【例 2-12】

2020 年 7 月 11 日，某公司需要为员工发放工资，到银行提取现金 13 800 元。出纳人员填写现金支票并盖章后去银行提取现金。

图 2-20 现金支票正面

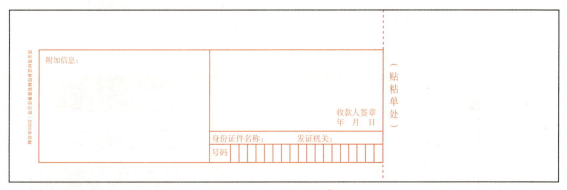

图 2-21 现金支票背面

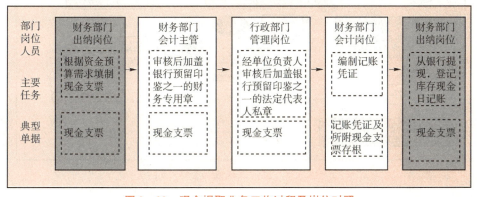

图 2-22 现金提取业务工作过程及岗位对照

现金提取业务流程如图 2-23 和图 2-24 所示。

(1) 出纳人员根据工资结算表的实付工资总额填写现金支票。

(2) 出纳人员持现金支票经会计主管人员批准后由会计主管人员在票据的正面和背面加盖公司财务专用章；报请单位负责人批准后在票据的正面和背面加盖法定代表人私章。

(3) 出纳人员持现金支票经单位负责人批准后由法定代表人私章保管人员在票据的正面和背面加盖法定代表人私章。

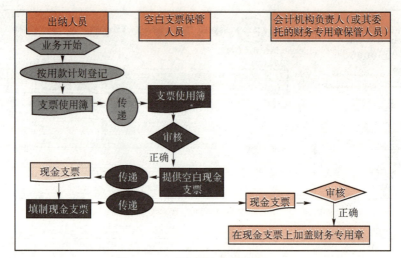

图 2-23　现金提取业务流程（1）

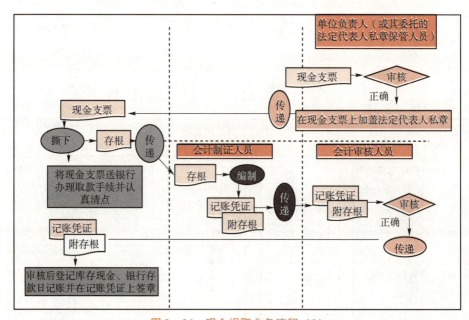

图 2-24　现金提取业务流程（2）

（4）将现金支票存根交会计制证人员编制银行存款付款凭证，并交由会计审核人员进行审核后再交给出纳人员以备登记库存现金、银行存款日记账。

（5）出纳人员将现金支票正联送至银行，凭以提取现金。出纳人员在银行提取现金时，应同时使用验钞机清点和手工清点两种方法认真清点现金的金额，并辨别现金的真伪；同时，出纳人员应按照单位安全制度的规定，注意取款过程的保密和安全，应由专人陪同前往银行，不得一人办理现金提取业务。如银行对现金提取业务有提前告知和审核要求，出纳人员应提前一天告知开户银行，并填制好审核表报银行相关部门审核。

扫码学习库存现金存取业务办理知识。

出纳如何送存现金

出纳取现那点事

项目 2　知识测试与能力训练

一、单项选择题

1. 个人从储蓄存款账户一次性提取现金 20 万元（含 20 万元）以上的，至少提前（　　）天预约。
   A. 4　　　　　　B. 3　　　　　　C. 2　　　　　　D. 1

2. 人民币单笔金额在（　　）万元（含）以上的现金存款业务，要提供客户本人的有效身份证件，由他人代理的，要提供代理人和被代理人的有效身份证件。
   A. 1　　　　　　B. 2　　　　　　C. 4　　　　　　D. 5

3. 外汇当日累计等值（　　）美元（不含）以上的现金存款业务，要提供客户本人的有效身份证件及监管部门要求的其他相关材料，由他人代理的，要提供代理人和被代理人的有效身份证件。
   A. 1 000　　　　B. 3 000　　　　C. 5 000　　　　D. 10 000

4. 发生短款时，应列（　　）待查，不准空库。
   A. 其他应付款　　B. 营业外收入　　C. 其他应收款　　D. 营业外支出

5. 原封新券开箱、拆捆和拆把清点时，必须（　　）人以上同时在场。
   A. 1　　　　　　B. 2　　　　　　C. 3　　　　　　D. 4

6. 运送中现金超过（　　）个工作日未核销，应及时查清原因。
   A. 1　　　　　　B. 2　　　　　　C. 3　　　　　　D. 4

7. 假币收缴必须严格执行操作程序，假币鉴别需经（　　）名柜员共同认定。
   A. 1　　　　　　B. 3　　　　　　C. 4　　　　　　D. 2

8. 一次性发现假人民币（　　）张（枚）（含）以上，应当立即报告当地公安机关，提供有关线索。
   A. 5　　　　　　B. 10　　　　　C. 15　　　　　D. 20

9. 一次性发现假外币（　　）张（含）以上的，应当立即报告当地公安机关，提供有关线索。
   A. 20　　　　　B. 15　　　　　C. 10　　　　　D. 5

二、多项选择题

1. 柜员受理客户缴存的现金和现金收款凭证后，应重点审查（　　）。
   A. 现金收款凭证要素是否齐全
   B. 日期、收款人户名、收款人账号等是否清楚
   C. 凭证联次是否齐全、有无涂改
   D. 大、小写金额是否一致

2. 柜员受理客户递交的取款凭证，应重点审查（　　）
   A. 客户填写的取款凭证要素是否齐全、正确清楚

B. 大、小写金额是否一致
C. 出票金额、出票日期、收款人名称有无更改
D. 大额现金支付审批手续是否齐全

3. 现金整点应按照人民银行有关规定达到下列标准：（　　）。
   A. 挑净　　　B. 点准　　　C. 墩齐　　　D. 盖章清楚

4. 伪造的货币是指仿照真币的（　　）等，采用各种手段制作的假币。
   A. 图案　　　B. 形状　　　C. 色彩　　　D. 纸张

5. 营业机构没收假币应执行以下规定：（　　）。
   A. 办理假币收缴业务的柜员，应当取得《反假货币上岗资格证书》
   B. 若营业机构在办理业务时发现假币，应由1名柜员当着客户的面予以收缴
   C. 营业机构收缴的假币，不得再交予持有人
   D. 营业机构对收缴的假币实物必须单独管理，按规定时间上缴中心金库保管

6. 在收缴假币过程中有下列情形之一的，应当立即报告当地公安机关，提供有关线索：（　　）。
   A. 一次性发现假人民币20张（枚）（含）以上、假外币10张（含）以上
   B. 利用新的造假手段制造假币
   C. 有制造贩卖假币线索
   D. 持有人不配合金融机构收缴行为

7. 以下关于假币入库的描述中正确的有（　　）。
   A. 柜员没收的假币必须及时交假币管理人员保管并登记"假币收缴登记簿"
   B. 柜员选择"0624柜员假币入库房"交易作入库处理
   C. 打印记账凭证，加盖业务办讫章
   D. 由柜员在记账凭证上签字

8. 长、短款按照"长款归公，短款自赔"的原则处理，以下说法中正确是（　　）。
   A. 不得私吞长款或以长补短　　　B. 不得短款支付
   C. 不得夹带假币付出　　　　　　D. 误收假币，由柜员自赔

三、判断题

1. 现金收付必须坚持"收入现金先记账后收款，付出现金先记账后付款"原则。（　　）
2. 应坚持执行"碰箱"、当日核对账款及检查监督制度。（　　）
3. 办理柜面现金业务必须在有效监控和客户视线以内，做到当面点准、一笔一清、一户一清。（　　）
4. 金库现金调拨业务必须遵循"根据指令，见单调拨"原则，账务处理必须坚持"先记账后入库，先出库后记账"原则。（　　）
5. 票币兑换应坚持"先兑付后收款"原则办理。残损币的兑换，按照《中国人民银行残缺污损人民币兑换办法》执行。（　　）
6. 柜员在办理大小面额票币兑换时，可以用机器清点，逐张辨别真假，并及时向持有人说明认定的兑换结果。（　　）

7. 兑换残损币时应认真鉴别真伪和点验清楚，持有人同意认定结果时，方可办理。（　　）
8. 现金整点人员可以对外办理收、付款业务。（　　）
9. 伪造的货币是指仿照真币的图案、形状、色彩等，采用各种手段制作的假币。（　　）
10. 变造的货币是指在真币的基础上，利用挖补、揭层、涂改、拼凑、移位、重印等多种方法制作的，改变真币原形态的假币。（　　）
11. 发生长款时，应暂列其他应付款待查，不准溢库；发生短款时，应列其他应收款待查，不准空库。（　　）
12. 在实际假币收缴过程中，持有人对认定的假币要求拿回再辨认时，可以将假币交回客户。（　　）
13. 收付现金需按规定整点、挑残。（　　）
14. 网点之间允许发生现金调拨业务。（　　）
15. 现金调入行应不迟于第二个工作日核销上一个工作日的"运送中现金"。（　　）
16. 现金调拨员不得兼任管库员和记账员。（　　）
17. 上交人民银行的现金，封签上的名章必须与上报人民银行备案的整点组人员一致。（　　）
18. 运送中现金必须通过"运送中现金"科目进行核算，当日调拨的现金，必须及时核销完毕。（　　）
19. 柜员现金箱应设置合理限额，超过限额的现金应及时缴存主出纳。（　　）
20. 收付现金必须做到先点捆、卡把，核准封签，再拆把点数。（　　）
21. 营业机构对开户单位在5万元（含）以上、50万元（不含）以下的大额现金支取，经办人员和营业机构运营主管二级审核后，由营业机构负责人审批。（　　）
22. 柜员在办理残缺票币兑换时，除点验清楚外，还应根据人民银行规定的兑换标准确定兑换额，并当面在残缺票币上加盖"全额"或"半额"戳记和柜员名章。（　　）
23. 若营业机构在办理业务时发现假币，应由两名以上柜员当着客户的面予以收缴。（　　）
24. 营业机构对收缴的假币实物不必单独管理，按规定时间上缴中心金库保管即可。（　　）
25. 管库员或主出纳可以操作库房现金管理类交易。（　　）

项目 3

银行存款结算业务

知识目标

(1) 掌握银行结算账户的分类和管理；
(2) 掌握银行结算办法的要求；
(3) 熟练掌握各种银行结算办法的适用范围和流程。

技能目标

(1) 能够根据业务选择合适的银行结算办法；
(2) 能够正确办理各种银行结算和支付业务。

素质目标

(1) 培养学生灵活处理问题、解决问题的能力；
(2) 培养学生与他人沟通和组织协调的能力。

会人会语

票据的历史

早在唐朝，我国就出现了诸如帖、书帖和"飞钱"等票券，其被视作中国最早的票据；到了公元 11 世纪北宋时期，商人发明了代替货币流通的"会子"和"交子"，其被认为是本票的雏形；到了明朝末年，商人为交易方便设立票号（或称票庄、汇兑庄），发行类似汇票、本票的票券，经营汇兑业务以及存放款业务；清朝末年，随着西方列强的入侵，开始出现现代意义上的票据，西方的票据制度也传到我国。

1929年,南京国民政府制定19条《票据立法原则》,为我国第一部真正意义上的票据法。

中华人民共和国成立后,由于长期实行计划经济和严格的金融管理,票据的适用范围受到严格限制,除少数单位可以使用支票外,汇票和本票在国内已无存在价值。1978—2008年,随着改革开放进程的加快,我国商品经济和市场经济繁荣发展,票据又重新焕发出生命力并在国民经济生活中逐步发挥其应有的功能。

为了完善和规范票据活动,1986年,根据国务院安排,由中国人民银行牵头准备票据法的立法工作。1995年5月10日,《中华人民共和国票据法》在第八届全国人大常委会第13次会议上通过,并于1996年1月1日开始实施。

点评:

我国除了直接通过银行账户支付,还有丰富的票据支付结算方式,本项目主要介绍支票、商业汇票、银行汇票、银行本票等票据以及汇兑、委托收款、托收承付等支付结算方式。

任务1　银行结算账户的分类与管理

 **任务情境**

飞达公司是一家新成立的制造业上市公司,为了保证公司的正常业务核算,财务主管要求公司出纳李哲到中国银行开立银行存款账户。

 学习任务

李哲需要开立哪些账户?需要准备什么材料?

 任务目标

通过完成学习任务,了解银行结算账户的分类与开立、年检、变更、撤销等管理方法,能够选择合适的账户办理银行结算业务。

 相关知识

一、银行结算账户的概念和种类

银行结算账户是指银行为存款人开立的办理资金收付的活期存款账户。银行结算账户按存款人不同分为单位银行结算账户和个人银行结算账户。

单位银行结算账户按用途分为基本存款账户、一般存款账户、专用存款账户、临时存款账户。

基本存款账户是存款单位为办理日常转账结算和现金收付而开立的银行结算账户,用于企业现金收付和支取以及银行转账,一个单位只能选择一家银行的一个营业机构开立一个基本存款账户。

一般存款账户是存款单位因借款或其他结算需要，在基本存款账户开户行以外的银行开立的银行结算账户。其使用范围包括借款转存、借款归还和其他结算的资金收付。一般存款账户没有数量限制，该账户可以办理转账结算和现金缴存，不能办理现金支取。

专用存款账户是存款单位按照法律、行政法规和规章，对其特定用途资金进行专项管理和使用而开立的银行结算账户。特定用途资金主要包括基本建设资金、更新改造资金、需要专户管理的资金。

临时存款账户是企业因临时经营活动需要而开立的账户，交易完成后就会撤销。企业可以通过该账户办理转账结算和现金收付业务，有效期最长不超过2年。需要开立临时存款账户的情况主要有：设立临时机构、异地临时经营、注册验资。

二、银行结算账户管理

（一）银行结算账户的开立

1. 开立的注意事项

（1）账户名称、单位名称与银行预留印鉴中的公章或财务专用章的名称应当保持一致。

（2）需要人民银行核准的账户包括基本存款账户、临时存款账户（因注册验资和增资验资开立的账户除外）、预算单位专用存款账户和合格境外机构投资者在境内从事证券投资开立的人民币特殊账户和人民币结算资金账户。

（3）中国人民银行当地分支行应于2个工作日内对开户银行报送的核准类账户的开户资料的合规性予以审核，符合开户条件的，予以核准，颁发基本（或临时、或专用）存款账户开户许可证。

（4）企业开立单位银行结算账户，自正式开立之日起3个工作日后，方可使用该账户办理付款业务，但注册验资的临时存款账户转为基本存款账户和因借款转存开立的一般存款账户除外。对于核准类银行结算账户，"正式开立之日"为中国人民银行当地分支行的核准日期；对于非核准类银行结算账户，"正式开立之日"为开户银行为企业办理开户手续的日期。

2. 开立的基本流程

企业开立银行结算账户的流程如图3-1所示。

（二）银行结算账户的年检

银行结算账户的年检是指开户银行按年度根据企业提交的账户年检资料，对已开立的人民币银行结算账户进行合规性和合法性的检查。

1. 年检所需资料

（1）年检过的营业执照正本和副本复印件；

（2）组织机构代码证正本和复印件；

（3）税务登记证正本和复印件；

（4）法人代表身份证正、反面复印件；

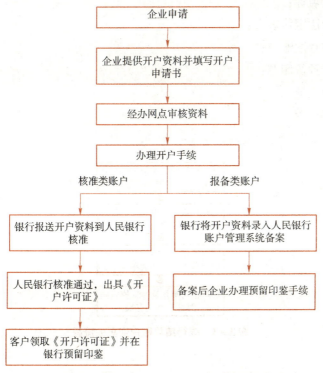

图 3-1　企业开立银行结算账户的基本流程

（5）基本账户开户许可证和复印件；
（6）被授权人身份证原件及复印件和授权书。

2. 年检的流程

银行结算账户年检的流程如图 3-2 所示。

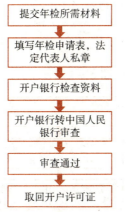

图 3-2　银行结算账户年检的流程

（三）银行结算账户的变更

1. 变更的情况

一般情况下，企业变更银行结算账户的内容包括以下几项：

(1) 企业名称；
(2) 企业法定代表人；
(3) 基本存款账户；
(4) 银行预留印鉴；
(5) 企业地址。

2. 变更的流程

银行结算账户变更的流程如图 3-3 所示。

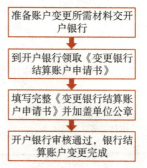

图 3-3　银行结算账户变更的流程

（四）银行结算账户的撤销

1. 撤销的情况

一般情况下，需要将银行结算账户撤销的情况有以下几种：
(1) 被撤并、解散、宣告破产或停业关闭；
(2) 由于时间关系必须终止账户使用；
(3) 因迁址需要变更开户银行；
(4) 其他原因。

2. 撤销的流程

银行结算账户撤销的流程如图 3-4 所示。

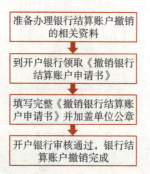

图 3-4　银行结算账户撤销的流程

 **任务实施**

开立基本存款账户

李哲需要开立基本存款账户,需要提交的材料如下:

(1)法人企业应出具《企业法人执照》正本、副本。

(2)非法人企业应出具《营业执照》正本、副本。

(3)机关和实行预算管理的事业单位,应出具政府人事部门或编制委员会的批文或账户登记证书和财政部门同意其开户的证明;实行非预算管理的事业单位,应出具政府人事部门或编制委员会的批文或账户登记证书。

(4)存款人为从事生产、经营活动纳税人的,还应出具税务部门颁发的税务登记证。

(5)法人代表身份证明。

(6)如授权他人办理,需要出具授权书及代理人的身份证。

(7)房屋租赁协议。

(8)房屋产权证明。

(9)单位行政公章、财务专用章、法人代表或财务负责人印章(银行预留印鉴用)。

任务 2　银行支票结算业务

 **任务情境**

2020 年 3 月 16 日,李哲需处理以下几项业务:

(1)根据日常工作资金需求,从银行提取现 3 000 元备用。

(2)采购部小王持增值税专用发票请求向供货商鹏扬公司付款,该业务会计主管已签字并指示用转账支票付款。

(3)收到客户签发的转账支票一张,用于支付货款。

 学习任务

李哲应如何处理以上业务?在处理以上业务的过程中需要填写哪些票据?如何填写?

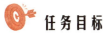 **任务目标**

通过完成学习任务,认识现金支票和转账支票;能够填制现金支票、进账单、转账支票并办理银行支票结算业务。

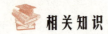

一、现金支票

(一) 现金支票的使用

(1) 印有"现金"字样的支票为现金支票,现金支票只能用于支取现金。
(2) 现金支票的"用途"处一般填写"备用金""差旅费""工资"等。

(二) 现金支票的填写

1. 正面

现金支票正面如图3-5所示。

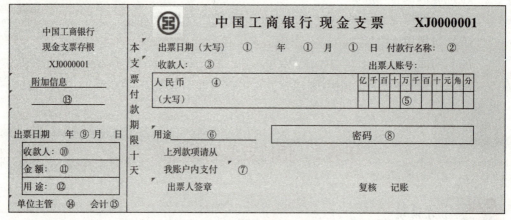

图3-5 现金支票正面

①出票日期:必须使用中文大写;

②付款行名称:出票人开户银行名称;

③出票人账号:存款账户账号;

④收款人:收款人全称,不得更改;

⑤填写人民币大写金额,不得更改,大写金额应紧接"人民币"字样填写,不得留有空白;

⑥填写人民币小写金额,不得更改,大、小写金额必须一致,小写金额前面加人民币符号"¥";

⑦填写款项的用途,必须符合国家现金管理的规定;

⑧出票人签章,即出票人预留银行的签章;

⑨支付密码;

⑩存根联出票日期,与正联一致,小写;

⑪存根联收款人,与正联一致,可简写;

⑫存根联金额,与正联一致,小写;

⑬存根联用途,与正联一致;
⑭需要时填写附加信息,与背面一致;
⑮主管审批签章;
⑯会计人员签章。

2. 背面

现金支票背面如图3-6所示。

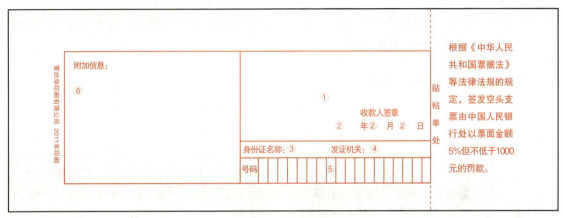

图3-6 现金支票背面

①收款人签章,若收款人为企业则加盖预留银行的签章,若收款人为个人则加盖个人的签章;
②提示付款日期;
③若收款人为个人,需填写身份证名称;
④若收款人为个人,需填写身份证的发证机关;
⑤若收款人为个人,需填写身份证号码;
⑥附加信息,非必要记载事项。

(三)现金支票的业务办理流程

现金支票的业务办理流程如图3-7所示。

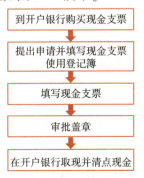

图3-7 现金支票的业务办理流程

二、转账支票

(一) 转账支票的使用

(1) 印有"转账"字样的支票为转账支票,该支票只能用于转账。

(2) 转账支票主要用于同城结算,但是部分银行采用银行支票影像交互系统后,也可以在其覆盖范围内进行异地结算。

(3) 开出转账支票用以支付时,无须在支票背面作背书,收到支票用于银行进账时才需要在背面填写背书信息。

(二) 转账支票的填写

1. 正面

转账支票正面如图3-8所示。

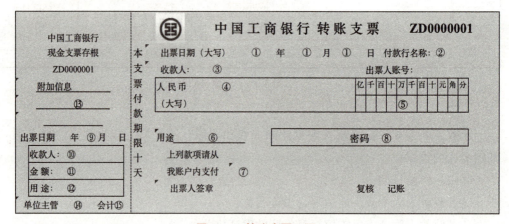

图3-8 转账支票正面

①填写出票日期,出票日期必须使用中文大写,不得更改;

②填写付款行名称和出票人账号,即出票人的开户银行名称及存款账户的账号;

③填写收款人全称,不得更改;

④填写人民币大写金额,不得更改,大写金额应紧接"人民币"字样填写,不得留有空白;

⑤填写人民币小写金额,不得更改,大、小写金额必须一致,小写金额前面加人民币符号"￥";

⑥填写款项的用途;

⑦出票人签章,即出票人预留银行的签章;

⑧需要使用支付密码时,填写支付密码;

⑨存根联的出票日期,与正联一致,用小写;

⑩存根联的收款人,与正联一致,可简写;

⑪存根联的金额，与正联一致，用小写；
⑫存根联的用途，与正联一致；
⑬需要时填写附加信息，与背面一致；
⑭单位主管审批签章；
⑮会计人员签章。

2. 背面

转账支票背面如图 3-9 所示。

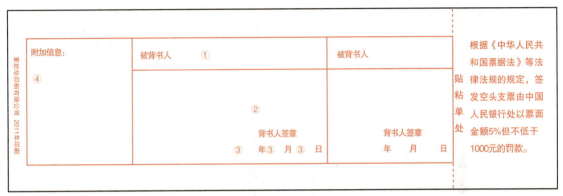

图 3-9　转账支票背面

①转账支票背书转让时，需填写被背书人的全称；

②转账支票背书转让时，背面加盖预留银行的签章；

③转账支票背书转让时，记载背书日期，可用小写，未记载日期的，视为在票据到期日前背书；

④填写附加信息，非必要记载事项。

（三）进账单

1. 进账单的使用

转账支票业务处理必须跟随着一张进账单。若使用转账支票，没有银行进账单来完善出票人和收款人信息，那么仅凭转账支票是无法办理转账和入账业务的。出纳人员办理转账支票业务时，必须填写进账单。

进账单一般为一式三联——第一联：开户银行交给持票人的回单；第二联：收款人的开户银行作贷方凭证；第三联：收款人入账用的收款通知。

2. 注意事项

（1）可以以一张支票填制一张进账单，也可以多张支票（不超过 4 张），汇总金额后填制一张进账单。

（2）实际工作中，收到银行本票、银行汇票办理入账业务时，也需要填写进账单。

（3）进账单上填列的收款人名称、账号、金额、内容均不得更改。

（四）转账支票业务办理流程

1. 开具转账支票业务办理流程

开具转账支票业务办理流程如图 3-10 所示。

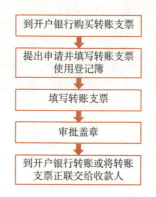

图 3-10　开具转账支票业务办理流程

2. 收到转账支票业务办理流程

收到转账支票业务办理流程如图 3-11 所示。

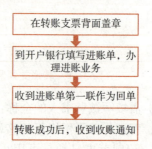

图 3-11　收到转账支票业务办理流程

三、支票结算注意事项

（1）支票的提示付款期为 10 天，过期作废，日期首尾算一天，节假日顺延。

（2）单位和个人在同一票据交换区域的各种款项结算，均可使用支票。

（3）签发支票要按照支票簿上的支票号码顺序签发，不得跳页；应用碳素墨水笔填写。

（4）支票日期必须是当日，不准签发远期支票。支票的收款人、金额、日期不得涂改。

（5）支票金额不得超过出票人银行付款账户余额，否则为空头支票。

（6）支票上加盖的印章必须清晰，印章模糊的支票需要作废。

（7）支票应由财务人员或使用人员签发，不得将支票交给收款人代为签发。

现金支票的填写

📝 任务实施

1. 现金支票提现备用

李哲需要填写现金支票，将现金支票存根交会计作为做账依据，将现金支票主体交银行用于提现。

2. 现金支票转账付款

李哲根据会计主管的指示用转账支票付款，需要按照规定签发转账支票，将签发好的转账支票交给采购部小王,小王用于支付款项。

3. 转账支票收取款项

李哲收到款项,首先向对方单位开具收款收据,然后将款项及时存入银行,需要填制进账单。

转账支票的填写

任务 3　银行汇票结算业务

2020 年 3 月 20 日,采购部小王到外地采购材料,价税合计金额为 80 000 元,财务主管要求使用银行汇票支付,出纳员李哲该如何进行业务处理?

根据任务情境中的要求,为李哲提供银行汇票的申请、取得、业务办理流程等相关信息。

 任务目标

通过完成学习任务,认识银行汇票;能够填制银行汇票委托书,按规范流程和方法使用银行汇票办理收、付款业务。

 相关知识

一、银行汇票的概念

银行汇票是汇款人将款项交存当地出票银行,由出票银行签发的,由其在见票时,按照实际结算金额无条件支付给收款人或持票人的票据。

银行汇票结算是指利用银行汇票办理转账的结算方式。该种结算方式具有使用范围广、方便灵活、结算迅速、钱随人到、兑付性强、剩余款项易退回等优点。

银行汇票结算的当事人如下:

(1) 出票人:签发汇票的银行;

(2) 收款人:从银行提取汇票所汇款项的单位和个人,可以是汇款人本身;

(3) 付款人:负责向收款人支付款项的银行。

银行汇票一式四联,如下:

(1) 第一联:出票银行留存,是出票银行结清汇票时的借方凭证。

(2) 第二联:汇票联,代理付款银行付款后作付款业务处理凭证。

(3) 第三联:解讫通知。此联由代理付款银行兑付后随报单寄出票行,出票行作多余款贷方凭证。

第二联和第三联由出票银行交给申请人,申请人便可持此两联银行汇票到异地办理支付结算业务或支取现金,缺一不可。

(4) 第四联:多余款收账通知,是出票银行结清多余款后交给申请人做账的依据。

银行汇票如图 3－12～图 3－16 所示。

银行汇票〔卡片〕 1　00000000

00000000

出票日期（大写）　年　月　日　代理付款行：　行号：

收款人：　账号：

出票金额　人民币（大写）

实际结算金额　人民币（大写）

千	百	十	万	千	百	十	元	角	分

申请人：　账号或地址：

出票行：　行号：

备注：

复核　经办　　复核　记账

此联出票行结清汇出汇款借方凭证

票样

图 3－12　银行汇票（1）

银行汇票 2　00000000

00000000

出票日期（大写）　年　月　日　代理付款行：　行号：

收款人：　账号：

出票金额　人民币（大写）

实际结算金额　人民币（大写）

千	百	十	万	千	百	十	元	角	分

申请人：　账号或地址：

出票行：　行号：

备注：

凭票付款

出票行签章

密押

多余金额

千	百	十	万	千	百	十	元	角	分

复核　记账

此联代理付款行付款后作联行往账借方凭证附件

票样

图 3－13　银行汇票（2）

图 3-14　银行汇票（3）

图 3-15　银行汇票（4）

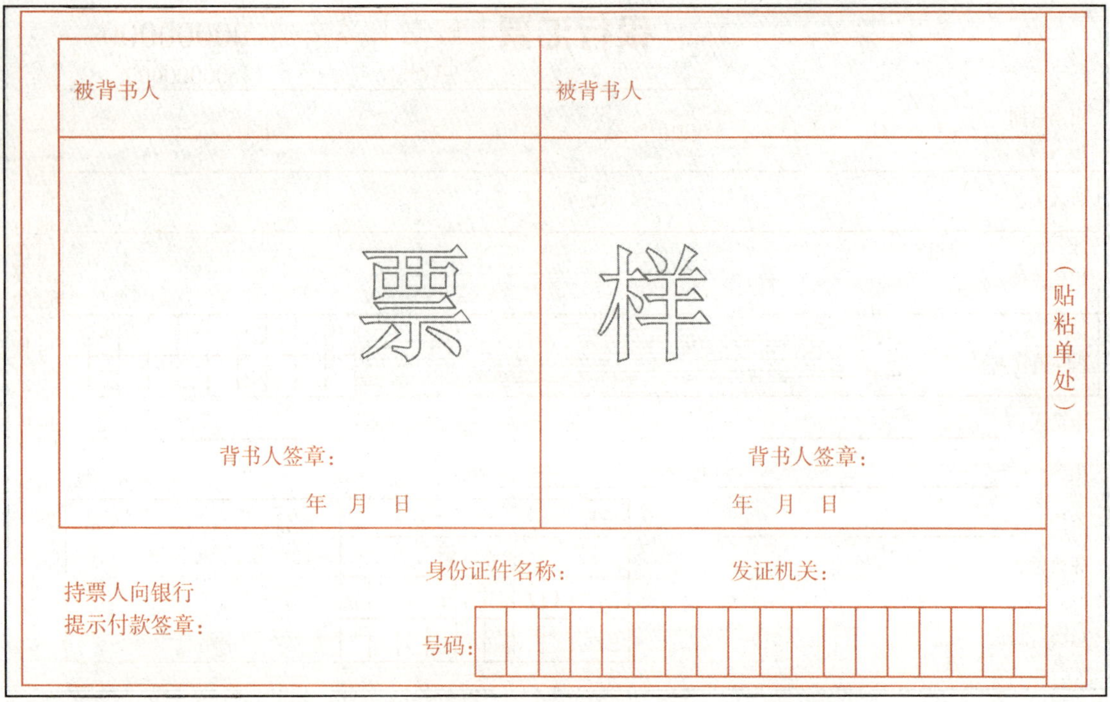
被背书人 被背书人
票样
背书人签章：
年 月 日
背书人签章：
年 月 日
（贴粘单处）
持票人向银行提示付款签章：
身份证件名称： 发证机关：
号码：

图 3－16 银行汇票（5）

二、银行汇票的使用

（1）银行汇票适用于先收款后发货或钱货两清的商品交易中异地单位、个体工商户、个人之间需要支付的各种款项。凡在银行开立账户的单位、个体工商户和未在银行开立账户的个人，都可以向银行申请办理汇票。

（2）银行汇票可以用于转账，填明“现金”字样的银行汇票也可以用于支取现金。申请人和收款人均为个人的，可以使用银行汇票支取现金；申请人和收款人有一方为单位的，不得使用银行汇票支取现金。

（3）银行汇票的提示付款期限为自出票日起一个月。持票人超过付款期限提示付款的，代理付款人不予受理。

三、使用银行汇票支付款项

（一）银行汇票付款业务流程

（1）申请单位或个人向开户银行提出申请，并填写银行汇票申请书（委托书）。

（2）银行柜员签发银行汇票。

（3）申请人拿到银行签发的银行汇票第二联、第三联，交给支付业务经办人用于支付结算。

（4）结算时，业务经办人在银行汇票的“实际结算金额”处填写实际支付金额，业务完成后交给收款人。

（5）收款人持票到代理付款行填写进账单，同银行汇票第二联、第三联一同交到银行。

（6）银行按实际结算金额将款项划到收款人账户，并将银行汇票第三联寄给出票行。

（7）如有多余款，出票行还需把多余款汇到申请人账户。

银行汇票付款业务流程如图3-17所示。

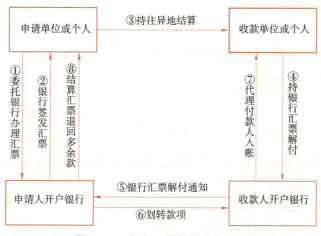

图3-17　银行汇票付款业务流程

（二）填写银行汇票申请书

银行汇票申请书如图3-18所示。

银行汇票申请书				
申请日期 ①年 ①月 ①日			第 ② 号	
申请人	③	收款人	④	第一联 银行记账凭证
账 号	③	账 号	④	
用 途	⑤	代理付款行	⑥	
汇票金额	人民币（大写） ⑦	千百十万千百十元角分 ⑦		
上列款项请从我账户内支付		科 目（借）		
		对方科目（贷）		
⑧ 申请人盖章		转账日期　年　月　日		
		复核　　　记账		

图3-18　银行汇票申请书

①填写银行汇票的申请日期；
②银行汇票申请书的编号（已预先印制）；
③填写申请银行汇票的单位或个人及其账号；
④填写收款的单位或个人及其账号；
⑤填写申请银行汇票的用途，如用于支付材料款等；
⑥填写代理付款行的名称；
⑦分别用大写和小写填写银行汇票的申请金额；
⑧申请人签章，加盖单位预留银行印鉴。

四、取得银行汇票收取款项

（一）取得银行汇票时应审查的内容

（1）银行汇票和解讫通知是否齐全、银行汇票号码和记载的内容是否一致；
（2）收款人是否确为本单位或本人；
（3）银行汇票是否在提示付款期限内；
（4）必须记载的事项是否齐全；
（5）出票人签章是否符合规定，是否有压数机压印的出票金额；
（6）出票金额、出票日期、收款人名称是否更改，更改的其他记载事项是否由原记载人签章证明。

（二）银行汇票收款业务流程

银行汇票收款业务流程如图3-19所示。

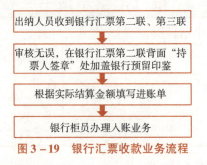

图3-19 银行汇票收款业务流程

银行汇票采购付款业务

（1）李哲填写一式三联的银行汇票申请书，并由印鉴管理人员在第二联"申请人签章"处加盖银行预留印鉴。

（2）李哲到银行申请办理银行汇票。将一式三联的银行汇票申请书递交银行柜员，银行柜员在办妥转账业务后，据以签发银行汇票。银行柜员将银行汇票申请书第三联及银行汇票第二联、第三联一并交给李哲。

银行汇票采购付款业务办理

（3）李哲将银行汇票第二联、第三联交单位采购人员办理采购业务。将银行汇票申请书回单联交给会计制证人员编制记账凭证。

（4）李哲登记银行存款日记账和其他货币资金明细账。根据审核无误的记账凭证登记银行存款日记账和其他货币资金明细账。

任务4　银行本票结算业务

任务情境

2020年3月22日，财务经理要求出纳员李哲到银行申请一张银行本票以支付货款，李哲该如何进行业务处理？

学习任务

根据任务情境中的要求，为李哲提供银行本票的申请、取得、业务办理流程等相关信息。

任务目标

通过完成学习任务，认识银行本票；能够填制银行本票申请书，按规范流程和方法使用银行本票办理收、付款业务。

相关知识

一、银行本票的概念

银行本票是银行机构签发的，承诺自己在见票时无条件支付确定的金额给收款人或者持票人的票据。

银行本票按照金额是否预先固定分为不定额银行本票和定额银行本票。

定额银行本票一式一联，格式统一，面额只有1 000元、5 000元、10 000元和50 000元4种。

不定额银行本票一式两联：第一联为卡片联，由出票行留存；第二联为本票联（正联），银行签发后由本票申请人留存，结清本票时由出票行作传票。

银行本票如图3-20～图3-22所示。

二、银行本票的使用

（1）单位、个体工商户和个人不管其是否在银行开户，在同城范围内的所有商品交易、劳务供应及其他款项的结算都可以使用银行本票。

（2）银行本票可以用于转账，也可以用于支取现金。需要支取现金的，在银行本票上划去"转账"字样，填明"现金"字样。现金银行本票的申请人和收款人必须都是个人。

(3) 银行本票可以背书转让，注明"现金"字样的银行本票不能背书转让。

(4) 银行本票的提示付款期限为2个月。

(5) 银行本票见票即付，银行不予挂失。如果定额银行本票丢失，无论是否被冒领，是否逾期，一律不办理退款；如果不定额银行本票丢失，付款期满一个月未被冒领的，可以到银行办理退款手续。

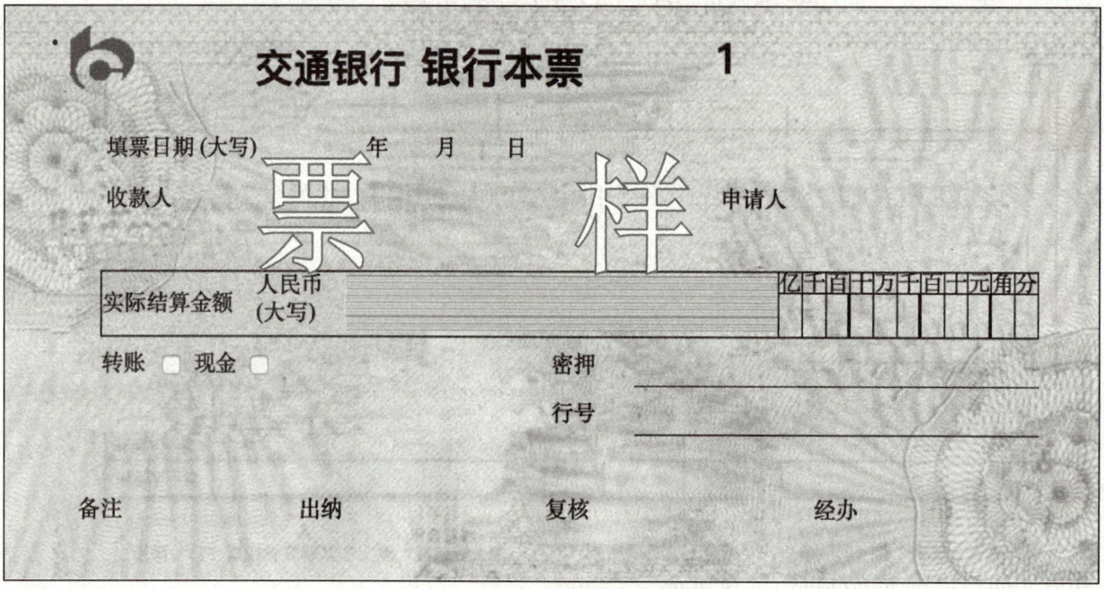

图 3-20　银行本票（1）

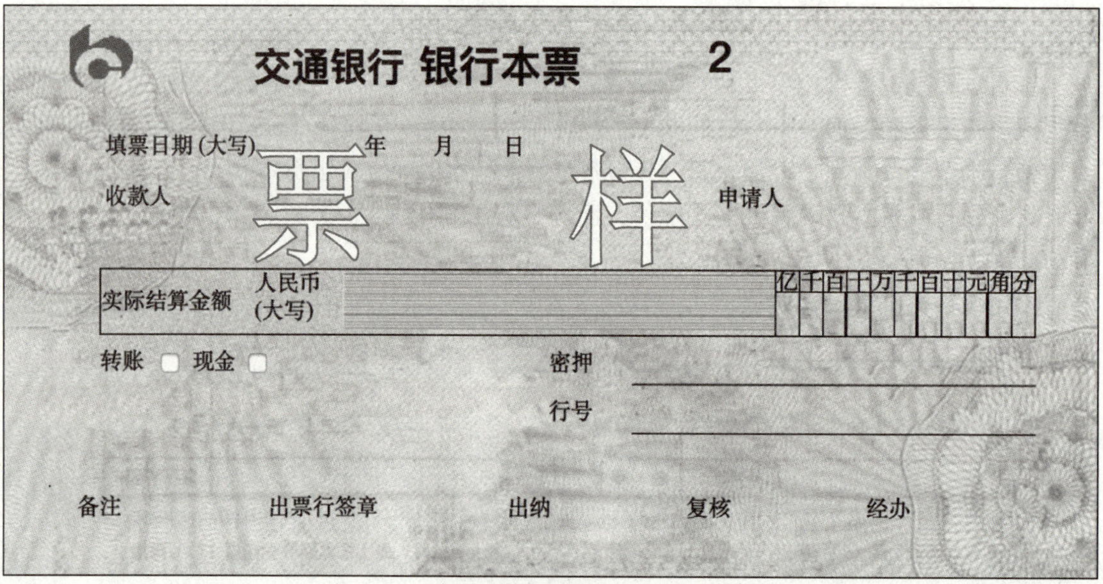

图 3-21　银行本票（2）

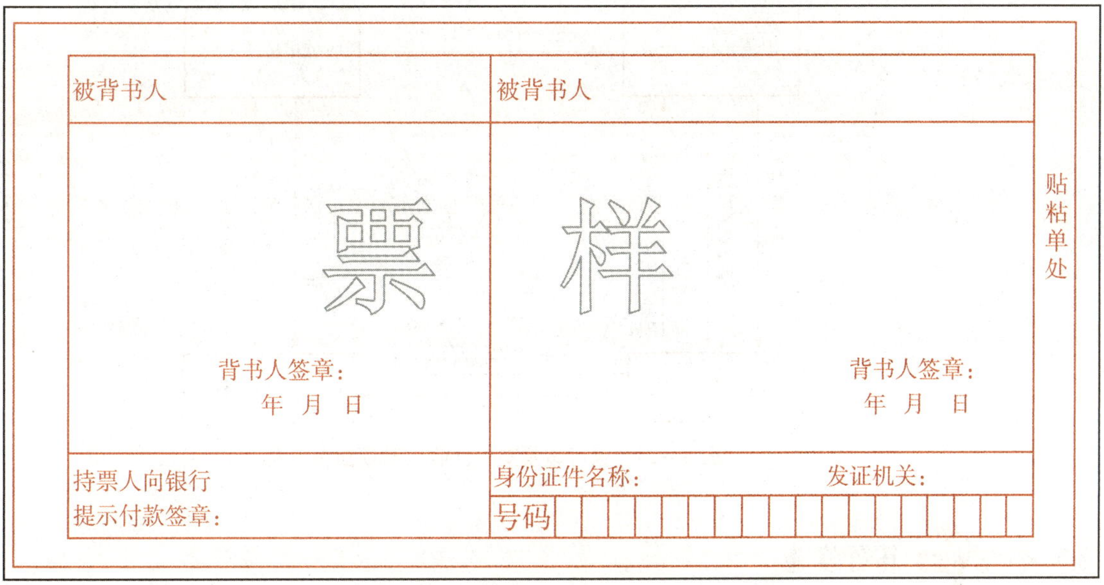
被背书人 | 被背书人
票样
背书人签章：
年　月　日
背书人签章：
年　月　日
贴粘单处
持票人向银行
提示付款签章：
身份证件名称：　发证机关：
号码

图3-22　银行本票（3）

三、银行本票支付款项

银行本票支付款项业务流程如下：

（1）出纳人员到银行申请银行本票，填制银行本票申请书。

（2）银行柜员根据银行本票申请书上的信息直接打印银行本票给申请人。出纳人员检查银行本票，检查无误后，在卡片联上盖银行预留印鉴，交给银行柜员；银行柜员在本票联上加盖银行印章，交给出纳人员。

（3）出纳人员将银行本票交给业务人员，业务人员持票办理结算业务。

（4）收款人持银行本票、进账单到开户银行办理收款业务。

（5）收款人开户银行收妥入账。

（6）银行间传递凭证，划转款项。

四、银行本票收取款项

银行本票收取款项业务流程如下：

（1）收款人收到银行本票，对银行本票进行审核。

收款人收到银行本票后，应对下列事项进行审核：

①收款人是否为本单位或者本人；

②是否在提示付款期内；

③必须记载的事项是否齐全；

④出票人签章是否符合规定；

⑤金额是否由压数机印出，金额大小是否一致；

⑥出票金额、日期、收款人名称是否更改，更改的事项是否有原记载人签章。

（2）审核无误后，收款人到开户银行办理入账手续，需填写进账单。

（3）入账后银行通知收款人。

银行本票支付、收取款项业务流程如图3-23所示。

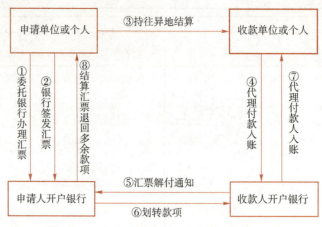

图 3-23 银行本票支付、收取款项业务流程

 **任务实施**

银行本票采购付款

银行本票采购付款业务办理

（1）李哲正确填写银行本票申请书，并由印鉴管理人员在第一联"申请人签章"处加盖银行预留印鉴。

（2）李哲到银行申请办理银行本票。将一式三联的银行本票申请书递交银行柜员，银行柜员在办妥转账业务后，据以签发银行本票。银行柜员将银行本票第二联及银行本票申请书第三联一并交给李哲。

（3）李哲将银行本票第二联交单位采购人员办理采购业务，将银行本票申请书回单联交给会计制证人员编制记账凭证。

任务5 商业汇票结算业务

 **任务情境**

2020年3月25日，李哲遇到两笔银行承兑汇票业务：

（1）接到采购部小李带来的增值税专用发票发票联和抵扣联复印件、采购合同复印件，该增值税专用发票为华北家具股份有限公司开出，发票上注明的材料价款为50 000元，增值税税额为8 500元。购销双方约定以期限为3个月的银行承兑汇票结算，收到银行承兑汇票后发货。

（2）收到的银行承兑汇票即将到期，委托银行收款。该银行承兑汇票由金山公司申请开出，金额为500 000元。

李哲该如何办理这两笔业务？

 **学习任务**

根据任务情境中的要求，为李哲提供商业汇票的签发、承兑以及结算业务办

理流程等相关信息。

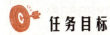

任务目标

通过完成学习任务，认识商业汇票；能够按规范流程和方法使用商业承兑汇票和银行承兑汇票办理收、付款业务。

相关知识

一、商业汇票的概念

商业汇票是出票人签发的，委托付款人在指定日期无条件支付确定的金额给收款人或者持票人的票据。

商业汇票按承兑人不同，分为商业承兑汇票和银行承兑汇票。

（一）商业承兑汇票

商业承兑汇票是指由出票人签发的，由银行以外的付款人承兑的商业票据。商业承兑汇票可以由付款人签发并承兑，也可以由收款人签发交由付款人承兑。商业承兑汇票的承兑人即付款人。

商业承兑汇票一式三联，第一联为卡片联，由承兑人（付款人）留存；第二联为商业承兑汇票（汇票联），由收款单位开户银行随结算凭证寄给付款单位开户银行作为付出传票附件；第三联为存根联，由出票人留存。

商业承兑汇票如图 3–24 ~ 图 3–27 所示。

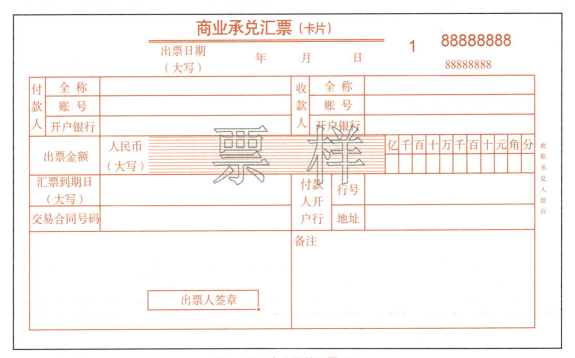

图 3–24 商业承兑汇票（1）

商业承兑汇票

				2 88888888
出票日期（大写）	年	月	日	88888888

付款人	全称		收款人	全称	
	账号			账号	
	开户银行			开户银行	

出票金额	人民币（大写）		亿 千 百 十 万 千 百 十 元 角 分

汇票到期日（大写）		付款人开户行	行号	
交易合同号码			地址	

本汇票已经承兑，到期无条件付款。	本汇票请予以承兑于到期日付款。
承兑人签章 承兑日期　年　月　日	出票人签章

此联收款人开户行随托收凭证寄付款行作借方凭证附件

图 3-25　商业承兑汇票（2）

被背书人	被背书人
背书人签章： 年 月 日	背书人签章： 年 月 日

（贴粘单处）

图 3-26　商业承兑汇票（3）

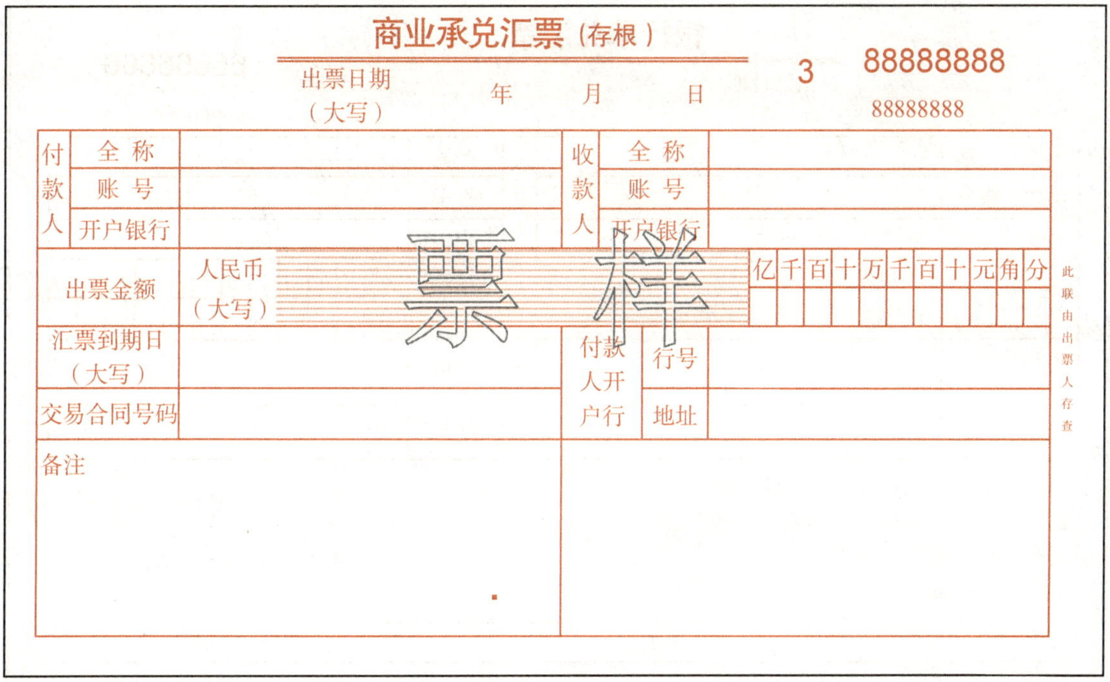

图 3-27 商业承兑汇票（4）

（二）银行承兑汇票

银行承兑汇票是由在承兑银行开立存款账户的存款人签发的，由银行负责承兑的商业汇票。银行承兑汇票只能由付款人签发。

银行承兑汇票一式三联：第一联为卡片联，承兑行留存，支付票款时作付出传票；第二联为汇票联，由收款人开户银行随结算凭证寄付款人开户银行；第三联为存根联，由出票人留存。

银行承兑汇票如图 3-28~图 3-31 所示。

二、商业汇票的使用

（1）办理商业汇票必须以真实的交易关系和债权债务关系为基础。

（2）商业汇票的付款期限最长不得超过 6 个月。

（3）商业汇票的提示付款期限为自汇票到期日起 10 日。持票人应在提示付款期限内通过开户银行委托收款或直接向付款人提示付款。对异地委托收款的，持票人可匡算邮程，提前通过开户银行委托收款。

（4）银行承兑汇票由银行承兑，由银行信用作为担保。作为销货方，如果对购货方的信用状况不了解或者购货方信用不佳，可以使用银行承兑汇票进行结算。

银行承兑汇票

					1	66666666
出票日期（大写）		年	月	日		66666666

出票人全称		收款人	全称	
出票人账号			账号	
付款行全称			开户银行	
出票金额	人民币（大写）			亿千百十万千百元角分
汇票到期日（大写）		付款行	行号	
承兑协议编号			地址	

本汇票请你行承兑，此项汇票款我单位按承兑协议于到期前足额交存你行，到期请予支付。

出票人签章　备注：　　　　　复核　记账

此联承兑行留存备查，到期支付票款时作借方凭证附件

图 3-28　银行承兑汇票（1）

银行承兑汇票

					2	66666666
出票日期（大写）		年	月	日		66666666

出票人全称		收款人	全称	
出票人账号			账号	
付款行全称			开户银行	
出票金额	人民币（大写）			亿千百十万千百元角分
汇票到期日（大写）		付款行	行号	
承兑协议编号			地址	

本汇票请你行承兑，到期无条件付款。

本汇票已经承兑，到期日由本行付款。

承兑行签章
承兑日期　年　月　日

出票人签章　备注：　　　　　复核　记账

此联收款人开户行随托收凭证寄付款行作借方凭证附件

图 3-29　银行承兑汇票（2）

银行承兑汇票（存根）

				3	66666666
出票日期（大写）		年 月 日			66666666

出票人全称		收款人	全 称	
出票人账号			账 号	
付款行全称			开户银行	
出票金额	人民币（大写）	票样	亿千百十万千百十元角分	
汇票到期日（大写）		付款行	行号	
承兑协议编号			地址	

备注：　　　　　　　　　　　　　复核　记账

此联由出票人存查

图 3-30　银行承兑汇票（3）

被背书人	被背书人
票　　样	
背书人签章： 年 月 日	背书人签章： 年 月 日

（贴粘单处）

图 3-31　银行承兑汇票（4）

三、商业承兑汇票业务办理流程

（一）商业承兑汇票支付结算办理流程

商业承兑汇票支付结算办理流程如图3-32所示。

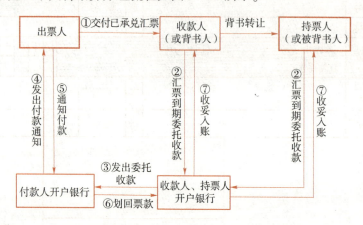

图3-32　商业承兑汇票支付结算办理流程

（二）付款业务办理

（1）签发。

出纳人员到开户银行提交材料，银行根据审核无误的真实交易材料和凭证签发商业承兑汇票。商业承兑汇票可以由付款人签发并承兑，也可以由收款人签发交由付款人承兑。银行打印完一式三联商业承兑汇票后，签发人需要审核票据记载内容，审核后在第一联和第二联"出票人签章"处加盖银行预留印鉴。

（2）承兑。

付款人承兑时，需在商业承兑汇票的第二联正面签署"承兑"字样，填写承兑日期并加盖银行预留印鉴。

（3）将承兑后的商业银行汇票（第二联）交收款人。

（4）收到付款通知并通知开户银行付款。

付款人收到银行转来委托收款的托收凭证第五联付款通知及所附商业承兑汇票，与留存的第一联核对一致后，应当当日通知银行付款。付款人在接到通知日的次日起3日内（遇法定休假日顺延）未通知银行付款的，视同付款人承诺付款。付款人提前收到由其承兑的商业承兑汇票，应通知开户银行于汇票到期日付款。付款人存在合法抗辩事由拒绝支付的，应自接到通知日的次日起3日内，将拒绝付款证明送交开户银行，银行将拒绝付款证明和商业承兑汇票邮寄给持票人开户银行转交持票人。

（三）收款业务办理

1. 收到商业承兑汇票

收款方销售商品后，根据销售合同收到商业承兑汇票。

2. 提示付款

收款人应在提示付款期内提示付款。提示付款可以通过开户银行委托收款或直接向付款人提示付款的方式进行。提示付款时，出纳人员应到银行填写托收凭证（一式五联），将托收凭证与商业承兑汇票第二联交开户银行办理。商业承兑汇票第二联背面要加盖收款单位银行预留印鉴。开户银行审查后将托收凭证第一联交给收款单位留存。

托收凭证一式五联：

（1）第一联：收款人开户银行给收款人的受理回单，如图3－33所示。

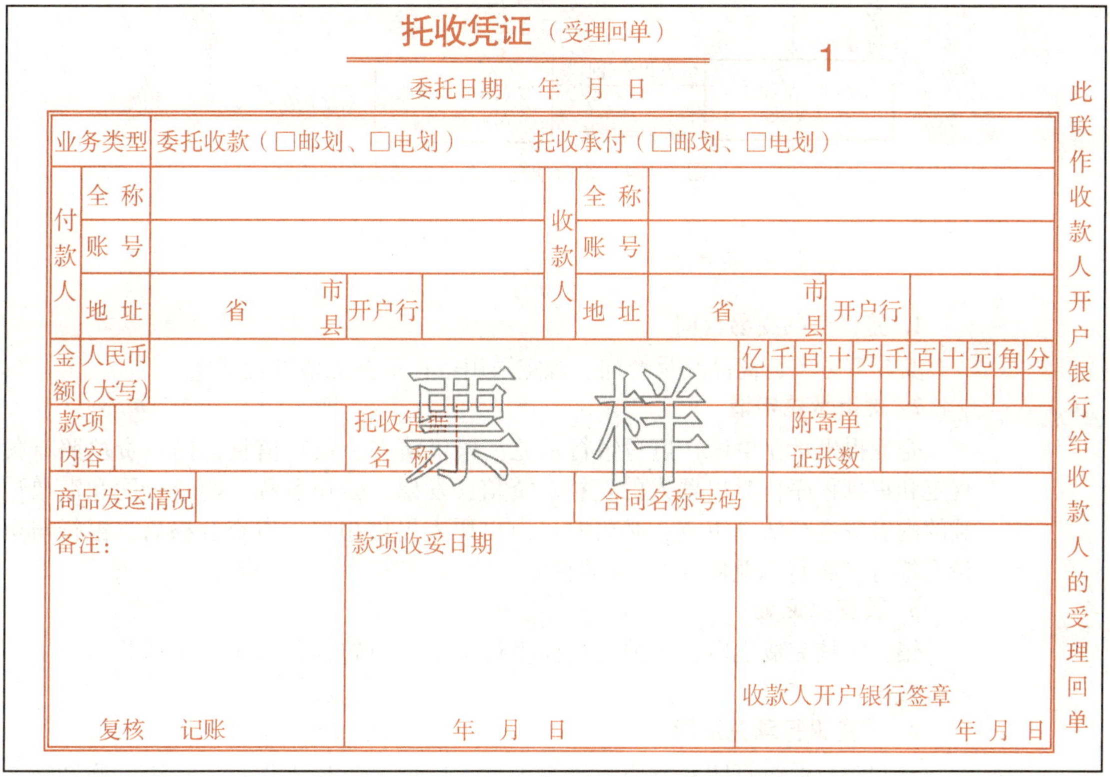

托收凭证（受理回单）　1

委托日期　年　月　日

业务类型	委托收款（□邮划、□电划）			托收承付（□邮划、□电划）		
付款人	全称		收款人	全称		
	账号			账号		
	地址	省　市县　开户行		地址	省　市县　开户行	
金额	人民币（大写）				亿 千 百 十 万 千 百 十 元 角 分	
款项内容		托收凭据名称		附寄单证张数		
商品发运情况			合同名称号码			
备注： 复核　记账		款项收妥日期 年　月　日		收款人开户银行签章 年　月　日		

此联作收款人开户银行给收款人的受理回单

票样

图3－33　托收凭证第一联

（2）第二联：收款人开户银行贷方凭证。

（3）第三联：付款人开户银行付款的借方凭证。

（4）第四联：收款人开户银行给收款人的收款通知。

（5）第五联：付款人开户银行给付款人的按期付款通知。

3. 收到款项

收到托收凭证第四联收账通知，交由会计制证人员编制凭证。

四、银行承兑汇票业务办理流程

（一）银行承兑汇票支付结算办理流程

银行承兑汇票支付结算办理流程如图3－34所示。

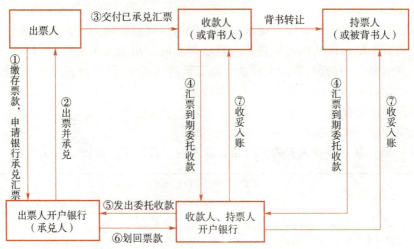

图3-34 银行承兑汇票支付结算办理流程

（二）付款业务办理

1. 签订商品交易合同

交易双方签订商品交易合同，规定采用银行承兑汇票进行结算。

2. 提出承兑申请

企业提出承兑申请，填写银行承兑汇票申请书，银行信贷部门负责按照有关规定和审批程序，对出票人的资格、资信、发票、公司名称、购销合同和汇票记载的内容等进行认真审查，必要时可由出票人提供担保。审查合格后，银行与申请人签订《银行承兑协议》（一式两联）。

3. 转存保证金

银行审核完成之后，出纳人员向银行指定账户转存保证金，需填写转账支票和进账单。

4. 签发银行承兑汇票

开户银行通过打印签发银行承兑汇票。申请人审核无误后，在第一联和第二联"出票人签章"处签章。

5. 开户银行承兑

开户银行在银行承兑汇票第二联"承兑行签章"处填写日期并签章。

6. 支付货款

申请人将开具的银行承兑汇票第二联交给收款人用于支付。

7. 兑付票款

承兑申请人，即付款人应于汇票到期前将票款足额地交存其开户银行（即承兑银行），以便承兑银行于银行承兑汇票到期日将款项划拨给收款人。银行承兑汇票到期后，出票人收到银行的付款通知，出票人将付款通知与银行承兑汇票进行核对，确认无误后，通知承兑银行划转款项。

如果银行承兑汇票到期，付款人无力支付，银行会先将付款人账户余额和保证金扣除，然后垫付不足部分，同时按照协议规定将剩余票款转入申请人的逾期贷款账户，每天计收罚息。

（三）收款业务办理

1. 销售商品收到银行承兑汇票
收款人收到银行承兑汇票要先对汇票内容进行审查。

2. 到期后到银行提示付款
到期后，出纳应在到期日起10日内，向承兑银行提示付款。要先在银行承兑汇票的背面盖章，然后填写《托收凭证》并盖章，将银行承兑汇票和托收凭证一同交给开户银行办理委托收款。

3. 银行划转款项
承兑银行按照规定办理票款划拨，并向付款单位发出付款通知。

五、商业汇票贴现业务办理

（一）概念
贴现是指票据持票人在票据未到期前为获得现金向银行贴付一定利息而发生的票据转让行为。商业汇票的收款人或背书人需要使用资金而汇票尚未到期时，可持商业汇票向其开户银行申请贴现。

（二）贴现的计算方法

1. 贴现利息的计算
贴现利息和实付贴现金额的计算公式为：
贴现利息＝票面到期值×贴现天数×贴现率
实付贴现金额＝票面到期值－贴现利息

2. 贴现天数的计算
贴现的期限从其贴现之日起至汇票到期日止，算头不算尾或者算尾不算头都可以。

3. 贴现的收款
贴现到期，贴现银行应向付款人收取票款。如果承兑人的银行账户不足支付时，其开户银行除按规定收取罚款之外，应立即将商业承兑汇票退给贴现银行，贴现银行从贴现申请人账户内收取票款。

（三）贴现流程

1. 填写贴现凭证，申请贴现
出纳人员应填写一式五联贴现凭证（见图3－35），并在第一联"持票人签章"处加盖银行预留印鉴，然后同商业汇票一同交开户银行。
第一联：申请书，由银行作贴现付出传票；
第二联：收入凭证，由银行作贴现申请人账户收入传票；
第三联：收入凭证，由银行作贴现利息收入传票；
第四联：收款通知，由银行作贴现申请人的收款通知；
第五联：到期后由会计部门按到期日排列保管，在到期日作贴现收入传票。

[图：贴现凭证（代申请书）表格]

图 3-35 贴现凭证

2. 开户银行审批

开户银行审查贴现凭证和商业汇票。审核无误后，开户银行计算贴现利息和实付金额，在贴现凭证上填写，并在贴现凭证第一联"银行审批栏"处签字并盖章。

3. 办理贴现

银行将贴现实付金额转入贴现申请人账户，并将贴现凭证第四联（收款通知）交贴现申请人。

任务实施

（一）开具银行承兑汇票

银行承兑汇票购货付款业务办理

（1）李哲持增值税专用发票抵扣联和发票联复印件及合同复印件到银行申请开具银行承兑汇票。签发转账支票，将款项存入银行指定账户。

（2）银行出票并承兑。经审核、签字后，银行经办人员加盖汇票专用章、银行经办人签章、复核签章。

（3）李哲将承兑后的银行承兑汇票第二联、第三联拿回。其中，第二联复印后给采购员，持往销货方采购货物，第三联留存，并登记应付票据备查簿。

（4）传递凭证。将银行承兑汇票第二联复印件传给会计制证人员编制记账凭证。

银行承兑汇票销售收款业务办理

（二）收到银行承兑汇票

李哲需要在银行承兑汇票到期时提前 10 天到银行办理托收。填制一式五联的托收凭证，并在第二联加盖公司的预留银行印鉴，将托收凭证连同银行承兑汇票一并交给银行收款。

银行审查受理并加盖银行业务受理章后,李哲将委托收款的托收凭证第一联带回。

在票据到期日,会计制证人员根据银行转来的委托收款的托收凭证第四联编制记账凭证。

任务6　汇兑结算业务

 **任务情境**

2020年3月25日,飞达公司以电汇的方式向辽宁兴辰公司购入原材料一批,出纳员李哲应该怎么处理?

 **学习任务**

根据任务情境中的要求,为李哲提供电汇结算业务办理流程等相关信息。

 **任务目标**

通过完成学习任务,认识汇兑结算业务;能够使用电汇和信汇两种方式办理银行结算业务。

 相关知识

一、汇兑结算的概念

汇兑是汇款人委托银行将款项汇给异地收款人的一种结算方式。汇兑根据划转款项的不同方法以及传递方式的不同可以分为信汇和电汇两种,由汇款人自行选择。

信汇是汇款人向银行提出申请,同时交存一定金额及手续费,汇出银行将信汇委托书以邮寄方式寄给汇入银行,授权汇入银行向收款人解付一定金额的一种汇兑结算方式。

电汇是汇款人将一定款项交存汇款银行,汇款银行通过电报或电传给目的地的分行或代理行(汇入银行),指示汇入银行向收款人支付一定金额的一种汇款方式。

二、汇兑结算的特点

(1)汇兑结算适用范围广,手续简便易行,灵活方便,是目前应用极为广泛的一种结算方式。

(2)无论是信汇还是电汇,都没有金额起点限制。

(3)汇兑结算方式除了适用于单位之间的款项划拨外,也可用于单位对异地的个人支付有关款项,如支付退休工资、医药费、各种劳务费、稿酬等,还可用于个人对异地的单位支付有关款项，如邮购商品、书刊等。

（4）实务中一般使用电汇办理汇兑业务，很少使用信汇的结算方式。

（5）汇兑可以支取现金。个人需要在汇入银行支取现金的，应在信汇或电汇凭证上的"汇款金额"大写栏先填写"现金"字样，接着紧靠其后填写大写金额。

三、电汇结算业务办理流程

（一）付款业务办理流程

（1）出纳人员到银行申请汇款，填写电汇凭证。

电汇凭证一式三联，第一联：汇出银行给汇款人的回单；第二联：汇出银行作借方凭证；第三联：汇出银行凭以汇出款项。主要填写汇款日期，汇款人的全称、账号，汇出的地点、汇出银行名称，收款人的全称、账号，汇入地点，汇入银行名称，金额。

（2）加盖银行预留印鉴。

出纳人员填写电汇凭证后，单位有关人员在"汇款人签章"处加盖银行预留印鉴。

（3）银行审查无误后，办理汇款手续。

银行在第一联回单上加盖转讫章退给汇款单位，并收取手续费。

（二）收款业务办理流程

（1）出纳人员收到汇入银行转来的收款通知——电划贷方补充报单第三联。

（2）出纳人员对收款通知进行审查。

查看收款人名称和账号是否和本单位一致、金额和汇款用途是否正确、银行是否加盖印章。

（3）确认无误后，出纳人员将收款通知传递给会计人员。

四、信汇结算业务办理流程

（一）付款业务办理流程

（1）出纳人员到银行申请汇款，填写信汇凭证。

信汇凭证一式四联，第一联：汇出银行受理信汇凭证后给汇款人的回单；第二联：汇出银行作借方凭证；第三联：汇入银行作贷方凭证；第四联：汇入银行给收款人的收款通知。

（2）加盖银行预留印鉴。

出纳人员填写信汇凭证后，单位有关人员在第二联"汇款人签章"处加盖银行预留印鉴。

（3）银行审查无误后，办理汇款手续。

银行在第一联回单上加盖转讫章退给汇款单位，并收取手续费。

（二）收款业务办理流程

（1）出纳人员收到汇入银行转来的收款通知——信汇凭证的第四联。
（2）出纳对收账通知进行审查。
（3）确认无误后，出纳将收账通知传递给会计人员。

五、汇款的撤销和退汇业务

如果汇款人想取消汇款，可以申请办理撤销或退汇业务。

（一）撤销

汇款人对银行尚未汇出的款项可以申请撤销。

申请撤销时，需要出具正式函件或本人身份证件及原汇款回单。汇出银行查明确未汇出款项的，收回原信、电汇回单，方可办理撤销业务。

（二）退汇

汇款人对银行已经汇出的款项可以申请退汇。

对在汇入银行开立存款账户的收款人，由汇款人与收款人自行联系退汇。如果汇款人与收款人不能达成一致意见，则不能办理退汇；对在汇入银行未开立存款账户的收款人，汇款人应出具正式函件或本人身份证件以及原汇款回单，由汇出银行通知汇入银行，经汇入银行核实汇款确未支付，并将款项退回汇出银行，方可办理退汇业务。

办理电汇付款业务

（1）李哲查询银行存款余额。
（2）李哲根据协议，填写电汇凭证，由相关人员审核并加盖银行预留印鉴后，向开户银行提交。
（3）开户银行审核无误后，向收款人汇款，并在电汇凭证第一联加盖转讫章交给李哲。

电汇结算业务办理

任务7　托收承付业务

2020年4月7日，飞达公司销售给光明公司老板桌一批，开具增值税专用发票，发票金额为10 000，增值税税率为13%，货物已经发出。4月20日，出纳员李哲到银行办理托收承付业务。他该如何办理？

 **学习任务**

根据任务情境中的要求,为李哲提供托收承付付款业务办理流程等相关信息。

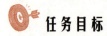 **任务目标**

通过完成学习任务,认识托收承付业务,能够使用托收承付方式办理收、付款业务。

 **相关知识**

一、托收承付的概念

托收承付是收款人按照经济合同向付款人供货后,委托银行向付款人收取款项,由付款人向银行承诺付款的一种结算方式。

托收是指收款人委托其开户银行收取款项的行为。

承付是指付款人在承付期限内,向银行承诺付款的行为。承付方式有两种:验单承付和验货承付。

二、托收承付的使用特点

(1) 适用于国有企事业单位、机关、部队、学校、供销合作社之间的商品交易,以及由于商品交易而产生的劳务供应的款项结算。收、付款双方使用托收承付方式,必须签订购销合同,并在购销合同上注明使用托收承付方式。

(2) 异地托收承付只能在异地使用,不能在同城使用。

(3) 异地托收承付起点为 10 000 元。

三、托收承付业务办理流程

(一) 托收承付收款业务办理流程

(1) 收款人按合同要求发货后,到银行办理托收,填写托收凭证。

托收凭证一式五联,第一联:开户银行给收款人的业务受理回单;第二联:收款人开户银行留作贷方凭证;第三联:付款人开户银行留作借方凭证;第四联:收款人开户银行作收款通知;第五联:付款人开户银行给付款人的按期付款通知。

(2) 收款人开户银行审核无误后,在托收凭证第一联加盖业务公章,退给收款人留存,第二联由收款人开户银行留存。

(3) 收款人开户银行在托收凭证第三联签章,并将第三联~第五联交给付款人开户银行。

(二) 托收承付付款业务办理流程

(1) 付款人开户银行收到托收凭证后,将第五联付款通知交付款人。

(2) 付款人收到付款通知后,审查托收凭证及相关交易单证,审核无误后,通知开户银行付款。

承付方式有两种：验单付款和验货付款。验单付款承付期限为 3 天，从付款人开户银行发出承兑通知的次日算起，遇节假日顺延；验货付款承付期限为 10 天，从运输部门向付款人发出提货通知的次日算起。

付款人在付款期限内，未向银行提出异议，可视作其同意付款，银行在付款期满的次日将款项划给收款人。付款人也可在承付期限内通知银行提前付款。

付款人在承付期满日银行营业终了时，如银行账户金额不足支付，未付部分按逾期款项处理。

付款人如果在审核单据或者货物时发现款项错误或所收货物与合同不符等情况，可以在承付期限内提出拒付，填制一式四联的《拒绝付款理由书》。

托收承付业务办理流程如图 3–36 所示。

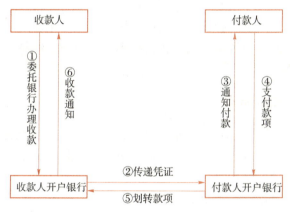

图 3–36　托收承付业务办理流程

托收承付收款业务办理

（1）李哲持增值税专用发票复印件到银行办理托收，填制一式五联的托收凭证并由印鉴管理人员在第二联"收款人签章"处加盖单位预留银行印鉴。

（2）办理托收手续后，将银行审查受理并加盖银行业务受理章的托收凭证传递给会计制证人员编制记账凭证。

（3）收取款项时，李哲收到托收结算凭证第四联收款通知。

托收承付销售
商品结算业务

任务 8　委托收款业务

2020 年 4 月 10 日，飞达公司销售给天利公司老板桌一批，开具增值税专用发票，单价为 800 元/张，货物已经发出。6 月 21 日，李哲到银行办理委托收款业务，李哲该如何处理该业务？

 **学习任务**

根据任务情境中的要求,为李哲提供委托收款业务办理流程相关信息。

 任务目标

通过完成学习任务,认识委托收款业务,能够使用委托收款方式办理收、付款业务。

相关知识

一、委托收款的概念

委托收款是收款人委托银行向付款人收取款项的结算方式。

委托收款结算方式是一种建立在商业信用基础上的结算方式,即由收款人先发货或提供劳务,然后通过银行收款,银行不参与监督,结算过程中发生争议由双方自行协商解决。

二、委托收款的特点

(1) 委托收款适用于同城和异地之间的款项结算,凡在银行和其他金融机构开立账户的单位和个体经济户的商品交易、劳务款项以及其他应收款项的结算都可以使用委托收款方式结算。

(2) 委托收款不受金额起点的限制。

三、委托收款业务办理流程

(一) 委托收款业务办理流程

(1) 收款人销售商品或提供劳务给付款人。

(2) 收款人凭债务证明到开户银行办理委托收款业务,填写一式五联的托收凭证(托收凭证的填写详见任务7)。

收款人应当按照规定逐项填明托收凭证的各项内容,然后在托收凭证第二联上加盖收款单位印章后,将托收凭证和委托收款依据一同送交开户银行。

(3) 开户银行受理委托收款以后,将委托收款凭证寄交付款人开户银行。

(4) 付款人开户银行审核,并通知付款人。

(5) 付款人同意开户银行付款,开户银行将款项划转给收款人开户银行。

(6) 收款人开户银行通知收款人款项收妥入账。

(二) 委托收款付款业务办理流程

(1) 付款人开户银行收到收款人开户银行的付款通知。审核无误后,通知付款人。

(2) 付款人接到通知和有关附件,应认真进行审核。

付款人审查的主要内容如下：

①委托收款凭证是否应由本单位受理；

②托收凭证和所附单据的内容是否正确；

③委托收款金额和实际应付金额是否一致；

④承付期限是否到期。

（3）付款人审核无误后，应在规定的付款期限内付款。

付款期为 3 天，从付款人开户银行发出付款通知的次日算起（遇节假日顺延），若付款人在付款期限内未向银行提出异议，银行视作同意付款并在付款期满的次日（节假日顺延）上午银行开始营业时，将款项主动划给收款人。如在付款期满前，付款人通知银行提前付款，应当即办理划款。

如果付款人审查有关单证后，认为所发货物的品种、规格、质量等与双方签订的合同不符，或因其他原因对收款人委托收取的款项需要全部或部分拒绝付款的，应当在付款期限内出具《拒绝付款理由书》，连同开户银行转来的有关单证送开户银行。

若付款人开户银行在办理划款时，付款人存款账户不足支付，应通过被委托银行向收款人发出未付款项通知书。

（4）银行收到通知后，直接支付款项。

委托收款业务办理流程如图 3-37 所示。

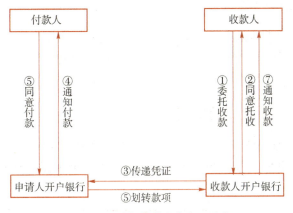

图 3-37 委托收款业务办理流程

委托收款业务办理

（1）李哲填制一式五联的托收凭证，交由财务主管审核并由印鉴管理人员在第二联的"收款人签章"处加盖财务专用章和法定代表人私章。

（2）李哲持托收凭证及相关材料到开户银行办理委托收款业务。

（3）李哲收到银行签章的托收凭证第四联收款通知，交会计制证人员。

委托收款销售
商品结算业务

任务9　网上银行支付业务

 **任务情境**

2020年4月21日,飞达公司与星辰公司签订采购合同,合同约定飞达公司在4月22日通过网银支付预付货款20 000元。出纳员李哲该如何使用网上银行支付?

 **学习任务**

根据任务情境中的要求,为李哲提供网上银行支付业务办理流程等相关信息。

 任务目标

通过完成学习任务,认识网上银行支付业务,能够申请开通网上银行,使用网上银行办理收、付款以及查询业务。

 相关知识

一、网上银行的概念

网上银行又称网络银行、在线银行或电子银行,它是各银行在互联网上设立的虚拟柜台,银行利用网络技术,通过互联网向客户提供开户、销户、查询、对账、行内转账、跨行转账、信贷、网上证券、投资理财等传统服务项目。

二、申请开通网上银行的流程

企业开通网上银行,需要在银行开立账户,并提供开户银行所需资料(不同银行的具体规定不同),其流程如图3-38所示。

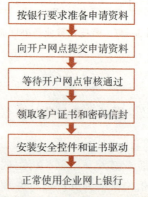

图3-38　企业开通网上银行的流程

三、网上银行支付业务办理流程

网上银行支付业务主要包括网上汇款,委托代扣、代发工资,在线缴费,电子商务等,其业务办理流程如下:

(1) 操作员登录开户银行官方网站,登录网上银行。
(2) 选择 U 盾登录,输入账户和密码。
(3) 选择"付款业务"选项,在付款界面依次输入收款单位、账号、开户银行信息,然后输入要支付的金额并签名认证后提交,等待授权。
(4) 授权员登录网上银行,选择"付款业务"选项,逐笔批准查询到的待授权指令,查看信息后单击"批准"按钮即可。

四、使用网上银行的安全措施

(1) 企业需妥善保管网上银行客户证书及密码,证书及密码丢失有可能造成账户信息泄露和资金被盗。
(2) 为减少网络交易风险,防止资金被挪用,企业申请开通网上银行后,银行会给企业不同权限的 U – KEY(一个操作员 U – KEY、一个管理员 U – KEY)。操作员权限一般是出纳人员所有,主要负责信息的录入;管理员权限一般是经理所有,主要是对录入的内容进行复核和授权。
(3) 在办理付款业务的过程中,必须认真核对收款人以及支付金额等信息。如果收款人的名称或账号错误,则该笔款项无法转出;如果金额错误,那么款项审核转出后,则无法撤回。

任务实施

网上银行预付货款

(1) 李哲准备相关材料,到银行申请开通网上银行。
(2) 开通网上银行后,李哲登录网上银行系统,选择"付款业务"选项。
(3) 填写汇款详细信息,提交会计主管审核,会计主管审核提交后交易成功。

网上银行付款

项目 3 知识测试与能力训练

一、单项选择题

1. 根据《支付结算办法》的规定,支票的提示付款期限是(   )。
   A. 自出票日起 3 个月　　　　　　B. 自出票日起 2 个月
   C. 自出票日起 10 日　　　　　　 D. 自出票日起 1 个月
2. 汇票出票行为的绝对必要记载事项不包括(   )。
   A. 出票地　　B. 出票日期　　C. 付款人名称　　D. 收款人名称
3. 银行汇票的起点金额为(   )。
   A. 500 元　　B. 1 000 元　　C. 10 000 元　　D. 100 元

4. 银行承兑汇票的付款人是（　　）。
   A. 汇票的出票人 B. 承兑银行 C. 汇票的背书人 D. 持票人
5. 在银行承兑汇票第二联除应加盖汇票专用章外，企业还应在"出票人签章"处加盖（　　）。
   A. 财务专用章 B. 法定代表人私章
   C. 公章 D. 预留银行印鉴
6. 在办理电汇结算业务时，企业出纳人员应填写的单据有（　　）。
   A. 进账单 B. 电汇申请书 C. 托收凭证 D. 业务委托书
7. 汇票付款人承诺在汇票到期日支付汇票金额并盖章的行为称为（　　）。
   A. 背书 B. 承兑 C. 保证 D. 出票
8. 在托收承付方式中，验货付款的承付期限为（　　）。
   A. 从运输部门向付款人发出提货通知的次日算起
   B. 从付款人开户银行发出承付通知的次日算起
   C. 从运输部门向收款人发出提货通知的次日算起
   D. 从付款人开户银行向付款人发出付款通知的次日算起
9. 托收承付中验单付款的承付期限为从付款人开户银行发出承付通知的次日算起（　　）。
   A. 1个月 B. 7天 C. 3天 D. 10天
10. 从银行提取现金，出纳人员除了填写支票外，还应填写（　　）。
    A. 支票领用簿 B. 发票领用簿 C. 收据领用簿 D. 以上均不对

二、多项选择题

1. 支票分为（　　）
   A. 现金支票 B. 转账支票 C. 划线支票 D. 普通支票
2. 甲签发一张中国建设银行承兑的银行承兑汇票给乙，下列有关票据关系当事人的表述中正确的有（　　）。
   A. 甲是出票人 B. 甲是承兑人
   C. 乙是收款人 D. 银行是承兑人，也是付款人
3. 商业汇票按承兑人不同可以分为（　　）。
   A. 带息商业汇票 B. 银行承兑汇票
   C. 商业承兑汇票 D. 不带息商业汇票
4. 根据《人民币银行结算账户管理办法》的规定，存款人开立（　　）账户实行核准制度，经中国人民银行核准后由开户银行核发开户许可证。
   A. 个人银行结算 B. QFⅡ
   C. 基本存款 D. 临时存款
5. 下列情形中，存款人可以申请开立临时存款账户的是（　　）。
   A. 异地建筑施工 B. 设立临时机构
   C. 证券交易结算 D. 注册验资

6. 下列符合支票管理规定的是（　　）。

A. 可以签发空头支票

B. 不得出租、出借支票

C. 支票金额必须在付款单位的存款余额内

D. 现金支票既可以提取现金，也可以办理转账

7. 下列关于汇票背书的说法中正确的有（　　）。

A. 每一位使用粘单的背书人都应在汇票和粘单的粘接处签章

B. 如果背书实质不连续，付款人应拒绝付款

C. 背书必须连续

D. 超过提示付款期限的汇票不得背书转让

8. 商业承兑汇票的签发人可以是（　　）。

A. 银行　　　　　B. 付款人　　　　　C. 代理付款银行　　　D. 收款人

9. 下列各选项中，符合银行汇票结算基本规定的有（　　）。

A. 银行汇票一律记名

B. 银行汇票的付款期为1个月

C. 需要支取现金的，应在汇票中填写"现金"字样

D. 若银行汇票遗失，不得挂失止付

10. 下列结算方式中只能用于异地结算，不能用于同城的有（　　）。

A. 汇兑　　　　　B. 托收承付　　　　C. 支票　　　　　　D. 商业汇票

三、判断题

1. 支票的提示付款期限为自出票日起2个月。（　　）
2. 票据出票日期使用小写数字填写的，银行可以受理。（　　）
3. 银行汇票只适用于单位结算，个人不得使用。（　　）
4. 现金银行汇票是不允许背书转让的票据。（　　）
5. 银行承兑汇票的出票人必须是在承兑银行开立存款账户的法人以及其他组织。（　　）
6. 商业汇票只能在异地使用，而且没有结算起点的限制。（　　）
7. 办理委托收款和托收承付所填写的单据都有托收凭证。（　　）
8. 托收承付方式中验单付款的承付期限为10天。（　　）
9. 为了便于结算，一个单位可以同时在几家金融机构开立银行基本存款账户。（　　）
10. 银行本票的提示付款期限为1个月。（　　）
11. 为了填列支票方便，单位的支票和印鉴可以由出纳人员一人保管。（　　）
12. 汇兑结算方式适用于同一票据交换区单位或个人的各种款项结算，其特点是划拨简单、灵活。（　　）

四、业务操作题

1. 2020年1月2日，辽宁兴华商贸有限公司从中国工商银行提取备用金5 000元。公司账号：432000654223546，开户银行：中国工商银行沈阳大东支行，公司法定代表人：张立。根据以上资料填写现金支票，如图3-39所示。

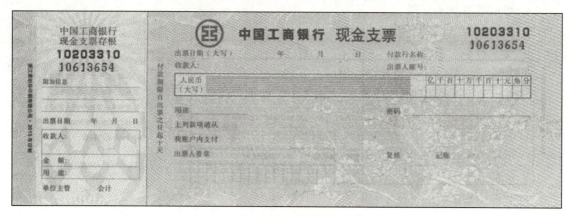

图 3-39　现金支票

2. 2020 年 1 月 3 日，辽宁佳乐科技有限公司支付北京正浩信息咨询有限公司咨询费 20 000 元，用转账支票支付。开户银行：中国工商银行沈阳道义支行，账号：12349876456545，公司法定代表人：张一。根据以上信息填写转账支票，如图 3-40 所示。

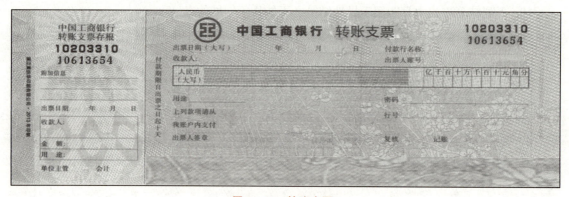

图 3-40　转账支票

3. 2019 年 6 月 8 日，华胜制衣有限公司收到转账支票，金额为 13 860.02 元，票号为 02580469，当日到自己的开户银行办理进账，完成进账单（图 3-41）的填写（付款银行：中国建设银行北京市东城区支行，付款账号：41622124049609；收款银行：中国建设银行北京市朝阳区支行，收款账号：41622124256076）。

4. 2020 年 1 月 15 日，长沙兴隆商贸有限公司向浙江宏达批发有限公司采购货物一批，11 300.00 元，采用普通电汇方式汇款。长沙兴隆商贸有限公司账号：432000654223546，开户银行：中国建设银行长沙开福区支行，支付密码：251252562；对方公司账号：645200056499532，开户银行：中国工商银行杭州经开区支行。根据以上信息填写电汇凭证，如图 3-42 所示。

中国建设银行 进账单（回单）1

年　月　日

出票人	全称		收款人	全称	
	账号			账号	
	开户银行			开户银行	

金额	人民币（大写）		亿	千	百	十	万	千	百	十	元	角	分

票据种类		票据张数		
票据号码				
备注：			复核　记账	

图 3−41　进账单

中国工商银行 电汇凭证（回单）1

☐普通 ☐加急　　委托日期：　年　月　日

汇款人	全称		收款人	全称	
	账号			账号	
	汇出地点	省　　市/县		汇出地点	省　　市/县
汇出行名称			汇入行名称		
金额			亿 千 百 十 万 千 百 十 元 角 分		

票证安全码

附加信息及用途：

汇出行签章

复核：　　记账：

此联汇出行给汇款人的回单

图 3−42　电汇凭证

项目 4

日记账的登记

知识目标
(1) 掌握现金日记账、银行存款日记账的启用及设置;
(2) 掌握现金日记账、银行存款日记账的登记;
(3) 掌握现金日记账、银行存款日记账的对账与结账。

技能目标
(1) 能够熟练启用及设置现金日记账、银行存款日记账;
(2) 能够规范登记现金日记账、银行存款日记账;
(3) 能够在规定时间内完成现金日记账、银行存款日记账的对账与结账。

素质目标
(1) 培养出纳人员良好的职业素养;
(2) 培养出纳人员严谨细致的工作态度;
(3) 培养出纳人员过硬的岗位技能。

会人会语

从唐伯虎点秋香看出纳登账工作的重要性

唐伯虎点秋香的故事家喻户晓,但人们不知道的是,为了追求秋香,唐伯虎还曾当过出纳。

古典名著《警世通言》中有一回就讲述了唐伯虎当出纳的故事。书中写道：适典中主管病故，学士令华安（为了追求秋香，唐伯虎自贱身份，取名华安）暂摄其事。月馀，出纳谨慎，毫忽无私。

华学士开了一个典当铺，典当铺管事的病故了，典当铺没人打理，华学士便让唐伯虎先代管其事，掌管典当铺。财会人都知道日清月结，典当铺也要日清月结。结果经过一个月的考察后发现华安不负众望，典当铺的出纳账目有条有理，日清月结，操作规范。华安工作时特别小心谨慎，经手钱财秋毫无私，最终因为表现优秀，得到华学士的高度肯定和信任。书中写道：学士遂欲用为主管，嫌其孤身无室，难以重托，乃与夫人商议，呼媒婆欲为娶妇。

担任出纳期间唐伯虎的工作是被肯定的。唐伯虎最终要走时清点了财产并列明账目，做好了财务移交，是一名合格的出纳工作者。

点评：

出纳最基本的工作职责是现金的收付和日记账的登记。唐伯虎作为当时的风流才子，在担任出纳工作期间，事事谨慎，样样精通。作为一名当代的会计专业大学生，更需要认真学习，努力实践，出色地完成日记账的登记工作。

任务 1　现金日记账的登记

任务情境

营口佳美服装有限公司于 2015 年 12 月成立，为一般纳税人。其基本信息如下：

开户银行：中国工商银行营口分行；

银行账号：3692209009066382445；

会计主管：周海；

会计：李宁；

出纳：王红。

学习任务

根据任务情境，协助出纳员王红完成以下工作：

（1）根据基本资料完成 2020 年现金日记账的启用及设置（2020 年年初日记账余额为 5 700 元）。账簿启用及交接记录表如表 4-1 所示。

（2）根据 2020 年 1 月审核无误的记账凭证完成现金日记账的登记工作，如表 4-2 所示。

表 4-1 账簿启用及交接记录表

单位名称									单位盖章	
账簿名称										
账簿编号		共 册 第 册								
启用日期		年 月 日								
账簿页数		本账簿共计 页								
经管人员		主 管				记 账				
		姓 名		盖 章		姓 名		盖 章		
交接记录		日 期			监交		移交		接管	贴印花处
	年	月	日	姓名	盖章	姓名	盖章	姓名	盖章	
备 注										

表4-2 现金日记账

年		凭证		摘要	借方								贷方								余额								核对
月	日	种类	号数		千	百	十	万	千	百	十	元	角	分	千	百	十	万	千	百	十	元	角	分	千	百	十	万	千	百	十	元	角	分	

附记账凭证如表4-3~表4-8所示。

表4-3 通用记账凭证

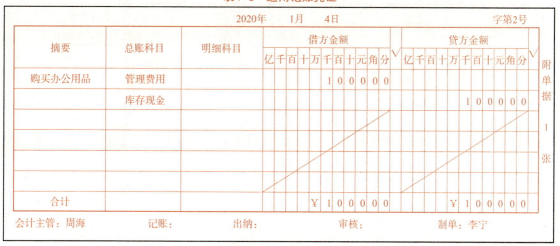

表4-4 通用记账凭证

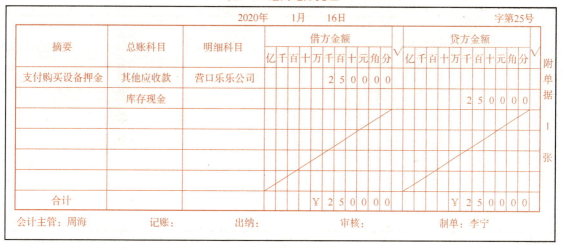

表4-5 通用记账凭证

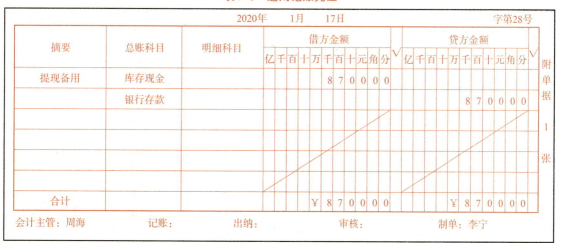

表4-6 通用记账凭证

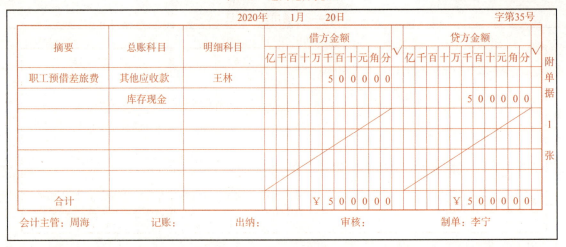

表4-7 通用记账凭证

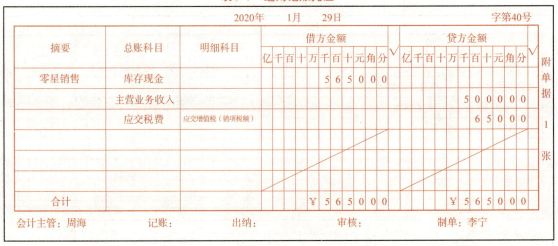

表4-8 通用记账凭证

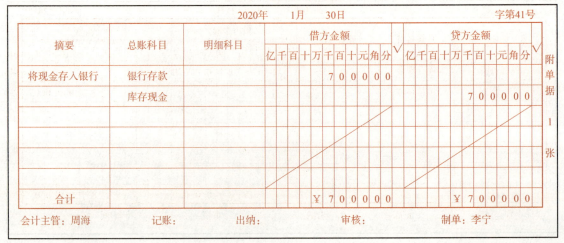

任务目标

通过完成学习任务，掌握账簿启用及交接记录表的填写，能够独立完成建账工作及现金日记账的登记任务。

相关知识

日记账又称序时账簿，是按照经济业务发生或完成时间的先后顺序逐日逐笔登记的账簿。日记账主要包括现金日记账和银行存款日记账。公司为加强对现金和银行存款的管理和核算，通常都会设置现金日记账和银行存款日记账，目的是每天核算和监督库存现金、银行存款的收入、支出和结余情况。根据企业财务会计内控相关规定，现金日记账和银行存款日记账主要由出纳人员负责登记。

一、现金日记账的启用

现金日记账是用来登记库存现金每天的收入、支出和结存情况的账簿。企业应按币种设置现金日记账，进行明细分类核算。

为了能够完整清楚地反映各个会计年度的财务状况和经营成果，在新的年度开始的时候要启用新的账簿，并把上一年度的会计账簿归档保管。启用账簿时需要填写扉页的账簿启用及交接记录表，账簿启用及交接记录表格式见表4-1。

一般按如下规定填写：

(1) 填写单位名称和账簿名称。

(2) 填写账簿编号、账簿册数、账簿页数和启用日期。

(3) 填写记账人员和财务主管人员姓名，并盖相关人员个人名章，加盖单位财务公章。

(4) 如果涉及经管人员的更换，还要填写不同时期经管人员的职务、姓名和经管期间，移交、监交、接管人员的职务、交接日期、签字等。

需要注意的是，经管人员的姓名要求亲笔签字并且盖上个人名章，右上角还需要加盖启用单位的单位印鉴。

(5) 贴印花处的规定。

财政部、国家税务总局于2018年5月3日发布了《财政部 税务总局关于对营业账簿减免印花税的通知》，根据该规定，自2018年5月1日起，对按万分之五税率贴花的资金账簿减半征收印花税，对按件贴花5元的其他账簿免征印花税。其中，资金账簿是指反映生产经营单位"实收资本"和"资本公积"金额变化的账簿。资金账簿以外的账簿为非资金账簿，包括日记账簿和各明细分类账簿。

因此，日记账的启用不需要贴花。对于需要贴花的账簿，印花税票应粘贴在账簿的扉页上，并且划线注销。现在部分实施网上申报的企业多数在网上直接申报印花税，不直接在账簿上贴花。在使用缴款书缴纳印花税时，应在扉页注明"印花税已缴"及缴款金额。

二、现金日记账的设置

现金日记账必须采用订本式账簿,账页一般采用三栏式,即"借方""贷方"和"余额"三栏,反映库存现金的收入、支出和结余情况。

启用新账簿时,在一个年度年终结账的时候,需要把有期末余额的账户的余额结转到下一年度新账簿的相应账户中去。如在下一年度新开账户的第一行,填写日期"1月1日",在"摘要"栏注明"上年结转"字样,将上年结转余额记入"余额"栏。余额方向与上一年度该账户的余额方向一致。现金日记账中,余额一定是借方,因此可不写方向。

三、现金日记账的登记

(一)现金日记账的登记方法

现金日记账由出纳人员根据与现金收付有关的记账凭证,按时间顺序逐日逐笔进行登记,并根据公式"本日余额=上日余额+本日借方-本日贷方",逐日结出库存现金余额,与库存现金实存数核对,以检查每日库存现金收付是否有误。

(二)现金日记账的登记内容

(1)日期:与记账凭证日期一致。
(2)凭证编号:为据以登账的会计凭证及编号。
(3)摘要:简明扼要地说明经济业务,通常与记账凭证的摘要一致。
(4)对应科目:用以反映库存现金增减变化的来龙去脉。
填写时应注意:
①对应科目只填写总账科目,不需要填写明细科目;
②对应科目有多个时,应填入主要对应科目;
③当对应科目有多个且不能从科目上划分主次时,可在"对应科目"栏中填入其中金额较大的科目,并在其后加上"等"字。
(5)借贷金额:根据相关凭证中记录的库存现金科目的借贷方向及金额记入。
(6)余额:通过公式"期末余额=期初余额+本期增加-本期减少",得出"本日余额=上日余额+本日借方-本日贷方",从而计算出库存现金账户每日余额。

(三)现金日记账的登记要求

(1)登记现金日记账时,应当将审核无误的记账凭证日期、凭证编号、业务内容摘要、金额和其他有关资料逐项记入现金日记账,做到数字准确、摘要清楚、登记及时、字迹工整。
(2)登记完毕后,要在记账凭证上签名或盖章,并注明所记现金日记账的页数,或注明记账符号"√",表示已经记账,以避免重记、漏记。
(3)现金日记账中书写的文字和数字要工整、清晰、准确无误,汉字不能写草书,数字不能连笔写。

（4）现金日记账中书写的文字和数字上面要留有适当空白，不要写满格，一般应占格距的1/3或1/2，以方便日后更正错账。

（5）登记现金日记账要用蓝、黑色水性笔或者钢笔书写，不得使用圆珠笔（银行复写账簿除外）或者铅笔书写，更正的时候才能使用红色的水性笔或钢笔。

（6）当天发生的业务一定要当天登记，并且要按照业务发生的顺序逐笔进行登记，做到日清月结。

（7）现金日记账需要逐日结出余额，每月末必须按规定结账。实际工作中，很多企业并没有合计每日发生额，具体根据单位的规定进行登记。

（8）每一页记完后，必须按规定转页。每一页记完后都要在最后一行"摘要"栏注明"过次页"，在"金额"栏写上这一页的合计数及金额，在新的一页首行"摘要"栏注明"承前页"，在"金额"栏写上上一页的合计数及金额。

（9）必须连续登记，不得跳行、隔页，不得随便更换账页和撕去账页。如果发生跳行、隔页，应将空行、空页划线注销（一般用笔画斜线）或注明"此行空白""此页空白"，并由记账人员签名或盖章。

（10）登记发生错误时不能用改正带、修正液涂改，透明胶粘撕，利物刮擦等污损账簿的办法，而要按照规定方法更正，具体包括划线更正法、红字更正法和补充登记法。

以上登记要求，同样适用于银行存款日记账的登记。

任务实施

出纳员王红进行现金日记账的交接及登记工作

（1）填写账簿启用及交接记录表，如表4-9所示。

现金日记账的登记

表4-9 账簿启用及交接记录表

单位名称			营口佳美服装有限公司				单位盖章	
账簿名称			现金日记账					
账簿编号			共 1 册 第 1 册					
启用日期			2020 年 1 月 1 日					
账簿页数			本账簿共计 100 页					
经管人员			主 管		记 账			
			姓 名	盖 章	姓 名	盖 章		
			周海	周海	张涵	张涵		
交接记录	日 期		监 交		移 交		接 管	贴印花处
	年	月	日	姓名	盖章	姓名	盖章	姓名	盖章	
备注									

（2）设置账簿，将2019年年末库存现金账户余额转入2020年新的现金日记账账簿中，如表4-10所示。

表4-10　现金日记账

2020年		凭证		摘要	对方科目	借方									贷方									余额									核对
月	日	种类	号数			千	百	十	万	千	百	十	元	角	分	千	百	十	万	千	百	十	元	角	分	千	百	十	万	千	百	十	元	角	分	
1	1			上年结转																									5	7	0	0	0	0	

（3）根据审核无误的记账凭证逐日逐笔登记现金日记账，如表4-11所示。

表4-11　现金日记账

2020年		凭证		摘要	对方科目	借方										贷方										余额										核对
月	日	种类	号数			千	百	十	万	千	百	十	元	角	分	千	百	十	万	千	百	十	元	角	分	千	百	十	万	千	百	十	元	角	分	
1	1			上年结转																										5	7	0	0	0	0	
1	4		2	购买办公用品	管理费用															1	0	0	0	0	0					4	7	0	0	0	0	
1	16		25	支付购买设备押金	其他应收款															2	5	0	0	0	0					2	2	0	0	0	0	
1	17		28	提现备用	银行存款					8	7	0	0	0	0															1	0	9	0	0	0	
1	20		35	职工预借差旅费	其他应收款																5	0	0	0	0						6	9	0	0	0	
1	29		40	零星销售	主营业务收入					5	6	5	0	0	0															1	1	5	5	0	0	
1	30		41	将现金存入银行	银行存款															7	0	0	0	0	0						4	5	5	0	0	

任务2 银行存款日记账的登记

 **任务情境**

营口佳美服装有限公司于2015年12月成立,为一般纳税人。其基本信息如下:
开户银行:中国工商银行营口分行;
银行账号:3692209009066382445;
会计主管:周海;
会计:李宁;
出纳:王红。

 学习任务

根据任务情境,协助出纳员王红完成以下工作:

(1) 根据基本资料完成2020年银行存款日记账的启用及设置(2020年年初银行日记账余额为785 214.36元),如表4-12所示。

表4-12 账簿启用及交接记录表

单位名称								单位盖章
账簿名称								
账簿编号		共 册 第 册						
启用日期		年 月 日						
账簿页数		本账簿共计 页						
经管人员		主 管			记 账			
		姓 名	盖 章		姓 名	盖 章		
交接记录	日 期		监 交		移 交		接 管	贴印花处
	年	月	日	姓名	盖章	姓名	盖章	姓名	盖章
备注								

(2) 根据2020年1月审核无误的记账凭证完成银行存款日记账的登记工作,如表4-13所示。

附记账凭证如表4-14~表4-22所示。

表4-13　银行存款日记账

开户行名称：				账号：																													核对
年		凭证		摘要	对方科目	借方									贷方									余额									
月	日	种类	号数			千	百	十	万	千	百	十	元	角	分	千	百	十	万	千	百	十	元	角	分	千	百	十	万	千	百	十	元	角	分	

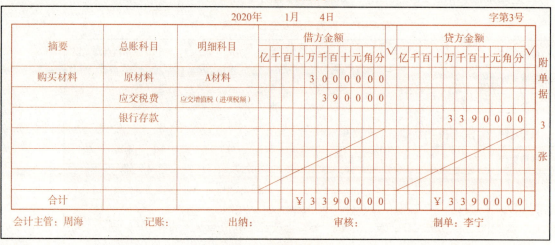

表4-14　通用记账凭证

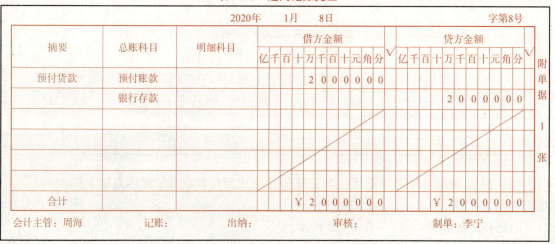

表4-15　通用记账凭证

表4-16　通用记账凭证

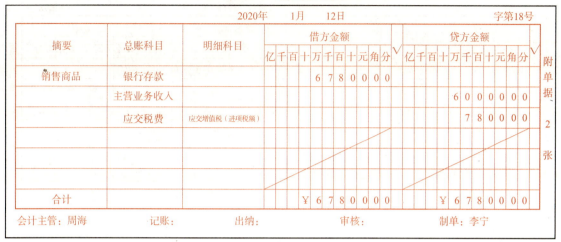

表4-17　通用记账凭证

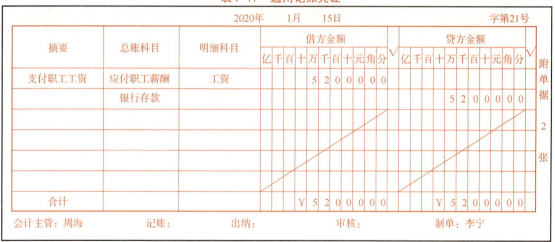

表4-18　通用记账凭证

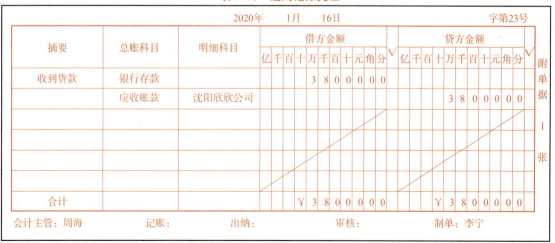

表4-19 通用记账凭证

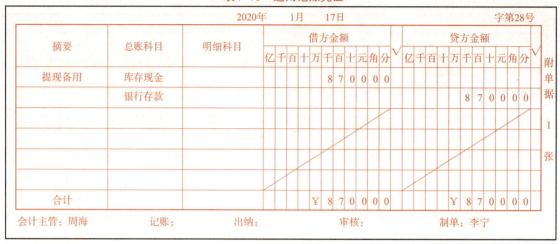

表4-20 通用记账凭证

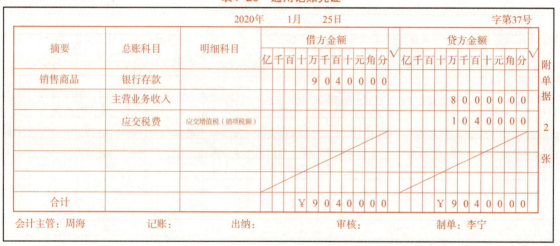

表4-21 通用记账凭证

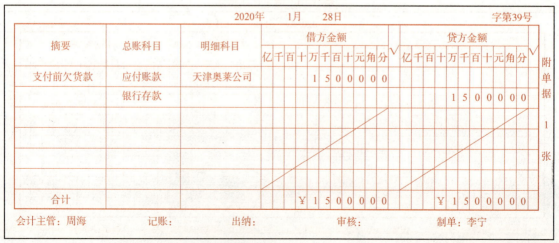

表4-22 通用记账凭证

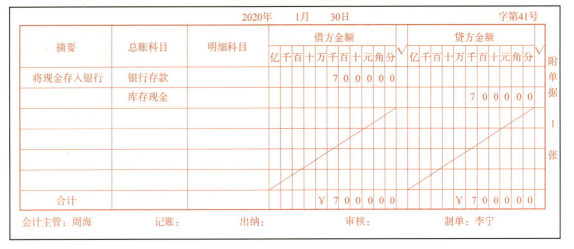

任务目标

通过完成学习任务，掌握银行存款日记账的启用、设置及登记。

相关知识

一、银行存款日记账的启用

银行存款日记账是用来核算和监督银行存款每日的收入、支出和结余情况的账簿，应根据企业在银行开立的账户和币种分别设置，每个银行账户设置一本银行存款日记账。

为了能够完整清楚地反映各个会计年度的财务状况和经营成果，在新的年度开始的时候要启用新的账簿，并把上一年度的会计账簿归档保管。启用账簿时需要填写扉页的账簿启用及交接记录表，账簿启用及交接记录表格式同现金日记账。

二、银行存款日记账的设置

银行存款日记账必须采用订本式账簿。账页格式与现金日记账的格式基本相同，一般采用三栏式，即"借方""贷方"和"余额"三栏，只是增加了"结算方式"栏目。

启用新账簿时，在一个年度年终结账的时候，需要把有期末余额的账户的余额结转到下一年度新账簿的相应账户中去。如在下一年度新开账户的第一行，填写日期"1月1日"，在"摘要"栏注明"上年结转"，将上年结转余额记入"余额"栏。余额方向与上一年度该账户的余额方向一致。银行存款日记账中，余额一定是借方，因此可不写方向。

三、银行存款日记账的登记

银行存款日记账的登记方法与现金日记账基本相同。

(一)银行存款日记账的登记方法

银行存款日记账由出纳人员根据与银行存款收付有关的记账凭证,按时间顺序逐日逐笔进行登记,并根据公式"本日余额=上日余额+本日借方-本日贷方",逐日结出银行存款余额,以便监督、检查各项收入、支出款项的发生情况,避免出现"坐支"货币资金等违法行为,并便于定期同银行对账单核对。

(二)银行存款日记账的登记内容

(1)日期:与记账凭证日期一致。
(2)凭证编号:据以登账的会计凭证及编号。
(3)摘要:简明扼要地说明经济业务,通常与记账凭证的摘要一致。
(4)对应科目:用以反映银行存款增减变化的来龙去脉。
填写时应注意:
①对应科目只填写总账科目,不需要填写明细科目;
②对应科目有多个时,应填入主要对应科目;
③当对应科目有多个且不能从科目上划分主次时,可在"对应科目"栏中填入其中金额较大的科目,并在其后加上"等"字。
(5)借贷金额:根据相关凭证中记录的银行存款科目的借贷方向及金额记入。
(6)余额:通过公式"期末余额=期初余额+本期增加-本期减少",得出"本日余额=上日余额+本日借方-本日贷方",从而计算出银行存款账户每日余额。

银行存款日记账的登记

任务实施

出纳员王红进行银行存款日记账的交接及登记工作

(1)填写账簿启用及交接记录表。如表4-23所示。

表4-23 账簿启用及交接记录表

单位名称	营口佳美服装有限公司							单位盖章	
账簿名称	银行存款日记账								
账簿编号	共 1 册 第 1 册								
启用日期	2020年1月1日								
账簿页数	本账簿共计100 页								
经管人员	主 管			记 账					
	姓名		盖章	姓名		盖章			
	周海		周海	张涵		张涵			
交接记录	日 期			监 交		移 交		接 管	贴印花处
	年	月	日	姓名	盖章	姓名	盖章	姓名	盖章
备 注									

(2) 设置账簿，将 2019 年年末银行存款账户余额转入 2020 年新的银行存款日记账中，如表 4-24 所示。

表4-24　银行存款日记账

开户行名称：中国工商银行营口分行					账号：3692209009066382445		
2020年		凭证		摘要	对方科目	借方	贷方	余额	核对

月	日	种类	号数	摘要	对方科目	借方 千百十万千百十元角分	贷方 千百十万千百十元角分	余额 千百十万千百十元角分	核对
1	1			上年结转				7 8 5 2 1 4 3 6	

(3) 根据审核无误的记账凭证逐日逐笔登记银行存款日记账，如表 4-25 所示。

表4-25　银行存款日记账

开户行名称：中国工商银行营口分行					账号：3692209009066382445				
月	日	种类	号数	摘要	对方科目	借方 千百十万千百十元角分	贷方 千百十万千百十元角分	余额 千百十万千百十元角分	核对
1	1			上年结转				7 8 5 2 1 4 3 6	
1	4		3	购买材料	原材料		3 3 9 0 0 0	7 5 1 3 1 4 3 6	
1	8		8	预付货款	预付账款		2 0 0 0 0 0	7 3 1 3 1 4 3 6	
1	12		18	销售商品	主营业务收入	6 7 8 0 0 0		7 9 9 1 1 4 3 6	
1	15		21	支付职工工资	应付职工薪酬		5 2 0 0 0 0	7 4 7 1 1 4 3 6	
1	16		23	收到货款	应收账款	3 8 0 0 0 0		7 8 5 1 1 4 3 6	
1	17		28	提现备用	库存现金		8 7 0 0 0	7 7 6 4 1 4 3 6	
1	25		37	销售商品	主营业务收入	9 0 4 0 0 0		8 6 6 8 1 4 3 6	
1	28		39	支付前欠货款	应付账款		1 5 0 0 0 0	8 5 1 8 1 4 3 6	
1	30		41	将现金存入银行	库存现金	7 0 0 0 0		8 5 8 8 1 4 3 6	

任务3　对账与结账

任务情境

营口佳美服装有限公司于2015年12月成立，为一般纳税人。其基本信息如下：

开户银行：中国工商银行营口分行；

银行账号：3692209009066382445；

会计主管：周海；

会计：李宁；

出纳：王红。

学习任务

根据任务1、任务2，完成企业2020年1月末现金日记账、银行存款日记账的对账与结账工作。

任务目标

通过完成学习任务，掌握现金日记账、银行存款日记账的对账与结账。

相关知识

出纳人员除了做好每日的对账和结账工作，还需要在期末做好对账与结账工作。

一、对账

对账就是对出纳账簿记录所进行的核对。对账工作是保证账账、账证、账实相符的重要条件。下面主要介绍月末对账。

（一）账证核对

账证核对（图4-1）是指把日记账与据以记账的记账凭证及所附原始凭证进行核对，通过核对使账证相符。账证核对工作一般通过编制凭证或在记账过程中的复核环节进行。

账证核对

（二）账账核对

账账核对（图4-2）是指出纳人员将现金日记账和银行存款日记账与会计掌管的现金和银行存款总账核对，要求做到账账相符。重点是核对总分类账户中现金、银行存款等账户的余额与相对应的日记账余额是否相符。

上述几种账簿之间的对账可以直接进行，也可以编表进行。

账账核对

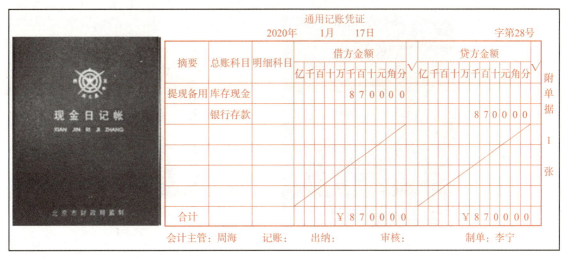

图 4-1 账证核对

图 4-2 账账核对

(三) 账实核对

账实核对（图 4-3）是指把账簿结存数量和财产物资实际结存数量进行核对，通过核对使账实相符，即把现金日记账的结余额与现金实际库存额进行相互核对，把银行存款日记账与银行对账单进行核对。

二、结账

结账是指把一定时期内发生的全部经济业务和相应的财产收支情况，定期进行汇总、整理和总结的工作。每个单位都必须按照有关规定定期做好结账工作。出纳人员进行日记账结账前必须将本期（按月、按季或按年）内所发生的各项货币资金收、付业务全部登记入账。

图 4–3 账实核对

结账应该在会计期末进行，具体分为月结、季结和年结。需要注意的是，不能因为编制财务报表而提前结账，更不能先编报表后结账。

（一）月结

月结

月结以公历每月最后一个工作日终了作为结账时间。根据《会计基础工作规范》的要求，日记账必须逐日结出余额，并且需要按月结计发生额。结账的方法是，每月末结账时，应在当月最后一笔记录的下面通栏划单红线，分别结出"库存现金"和"银行存款"账户本月借方和贷方发生额合计数，并在"摘要"栏注明"本月合计"字样，再在"本月合计"行下面通栏划单红线。

（二）季结

季结在每季度最后一个月的月结之后进行。季结的方法是，在本季末最后一个月的月结的红线下面一格结出"库存现金"和"银行存款"账户本季度三个月的借方和贷方发生额合计数，并在"摘要"栏注明"本季合计"字样，再在"本季合计"行下面通栏划单红线。

（三）年结

年结

年结在12月的月结之后或在第四季度的季结之后进行。年度终了结账时，要将"库存现金"和"银行存款"账户的余额结转到下一会计年度。年结的方法是，在12月末按上述方法办理月结、季结后，在"本月合计"或"本季合计"（如有"本季合计"）数下结出"库存现金"和"银行存款"账户全年的借方和贷方发生额合计数，并在"摘要"栏注明"本年累计"字样，再在"本年累计"行下面划一条通栏双红线。最后，在次行的"摘要"栏注明"结转下年"字样，将其余额直接记入下一年度新的现金日记账和银行存款日记账第一行"余额"栏内，并在新的日记账"摘要"栏注明"上年结转"字样，原日记账保持不变，如表4–26所示。

表4-26　现金日记账

2020年		凭证		摘要	对方科目	借方 千百十万千百十元角分	贷方 千百十万千百十元角分	余额 千百十万千百十元角分	核对
月	日	种类	号数						
1	1			上年结转				5 7 0 0 0 0	
				……					
12	31			本月合计		1 1 2 0 0 0 0	1 2 5 0 0 0 0	4 5 0 0 0 0	
12	31			本季合计		4 2 0 0 0 0	5 1 4 5 6 0 0	4 5 0 0 0 0	
12	31			本年累计		1 3 6 0 6 7 0 0	1 2 8 3 0 0 0 0	4 5 0 0 0 0	
				结转下年					

任务实施

出纳员王红进行对账与结账工作

（1）对账：账证核对，账账核对，账实核对。

（2）现金日记账结账，如表4-27所示。

表4-27　现金日记账

2020年		凭证		摘要	对方科目	借方 千百十万千百十元角分	贷方 千百十万千百十元角分	余额 千百十万千百十元角分	核对
月	日	种类	号数						
1	1			上年结转				5 7 0 0 0 0	
1	4		2	购买办公用品	管理费用		1 0 0 0 0 0	4 7 0 0 0 0	
1	16		25	支付购买设备押金	其他应收款		2 5 0 0 0 0	2 2 0 0 0 0	
1	17		28	提现备用	银行存款	8 7 0 0 0 0		1 0 9 0 0 0 0	
1	20		35	职工预借差旅费	其他应收款		5 0 0 0 0 0	6 9 0 0 0 0	
1	29		40	零星销售	主营业收入	6 5 0 0 0 0		1 1 5 5 0 0 0	
1	30		41	将现金存入银行	银行存款		7 0 0 0 0 0	4 5 5 0 0 0	
1	31			本月合计		1 4 3 5 0 0 0	1 6 5 0 0 0 0	4 5 5 0 0 0	

(3) 银行存款日记账结账，如表 4-28 所示。

表4-28　银行存款日记账

开户行名称：中国工商银行营口分行　　　　账号：3692209009066382445

2020年		凭证		摘要	对方科目	借方 千百十万千百十元角分	贷方 千百十万千百十元角分	余额 千百十万千百十元角分	核对
月	日	种类	号数						
1	1			上年结转				7 8 5 2 1 4 3 6	
1	4		3	购买材料	原材料		3 3 9 0 0 0 0	7 5 1 3 1 4 3 6	
1	8		8	预付货款	预付账款		2 0 0 0 0 0 0	7 3 1 3 1 4 3 6	
1	12		18	销售商品	主营业务收入	6 7 8 0 0 0 0		7 9 9 1 1 4 3 6	
1	15		21	支付职工工资	应付职工薪酬		5 2 0 0 0 0 0	7 4 7 1 1 4 3 6	
1	16		23	收到货款	应收账款	3 8 0 0 0 0 0		7 8 5 1 1 4 3 6	
1	17		28	提现备用	库存现金		8 7 0 0 0 0	7 7 6 4 1 4 3 6	
1	25		37	销售商品	主营业务收入	9 0 4 0 0 0 0		8 6 6 8 1 4 3 6	
1	28		39	支付前欠货款	应付账款		1 5 0 0 0 0 0	8 5 1 8 1 4 3 6	
1	30		41	将现金存入银行	库存现金	7 0 0 0 0 0		8 5 8 8 1 4 3 6	
1	31			本月合计		2 0 3 2 0 0 0 0	1 2 9 6 0 0 0 0	8 5 8 8 1 4 3 6	

项目4　知识测试与能力训练

一、单项选择题

1. 从账簿的外形看，现金日记账和银行存款日记账应采用（　　）账簿。
   A. 订本式　　　　B. 三栏式　　　　C. 卡片式　　　　D. 活页式
2. 从账页的格式看，现金日记账和银行存款日记账应采用（　　）账簿。
   A. 三栏式　　　　B. 多栏式　　　　C. 数量金额式　　D. 卡片式
3. 企业应设置现金日记账，按照经济业务发生的先后顺序逐日逐笔登记。其登记人员是（　　）。
   A. 会计人员　　　B. 出纳人员　　　C. 经办人员　　　D. 主管人员
4. 出纳人员在登记现金日记账时，有一笔业务记账凭证上现金借方金额是3 000元，但反映在账簿上是8 000元，这属于（　　）。
   A. 会计原理运用错误　　　　　　B. 借贷方向记反
   C. 计算错误　　　　　　　　　　D. 记账错误
5. 下列关于银行存款账实核对的表述中，正确的是（　　）。
   A. 将银行存款日记账的余额与总账中的银行存款账核对
   B. 将银行存款日记账的余额与银行对账单核对
   C. 将银行存款日记账的余额与银行存款的实有数核对
   D. 将银行存款日记账的余额与银行存款的收、付款凭证核对

6. 下列关于对账的表述，不正确的是（   ）。

A. 对账工作一般在月末进行，即在记账之后结账之前进行

B. 对账的内容包括账证核对、账账核对、账实核对、证表核对

C. 账证核对是指账簿记录与原始凭证、记账凭证的核对

D. 账实核对是指各项财产物资、债权债务等账面余额与实有数额之间的核对

7. 下列关于现金日记账的表述中，正确的是（   ）。

A. 现金日记账应当每月结出发生额和余额

B. 现金日记账应当每 15 天结出发生额

C. 现金日记账应当每隔 3~5 天结出余额

D. 现金日记账应当每日结出发生额和余额

8. 关于会计账簿的登记要求，错误的是（   ）。

A. 账簿记录中的日期，应该填写原始凭证上的日期

B. 在不设借、贷等栏的多栏式账页中，登记减少数可以使用红色墨水笔

C. 在登记各种账簿时，应按页次顺序连续登记，不得隔页、跳行

D. 对于没有余额的账户，应在借或贷栏内写"平"字，并在"余额"栏用"θ"表示

9. 现金日记账账面余额应与现金实际库存数逐日核对相符，这属于（   ）。

A. 账证核对　　　B. 账账核对　　　C. 账实核对　　　D. 余额核对

10. （   ）就是核对账目，是指对账簿记录所进行的核对工作。

A. 对账　　　B. 结账　　　C. 错账更正　　　D. 试算平衡

二、多项选择题

1. 下列关于会计账簿启用的说法中，正确的有（   ）。

A. 启用订本式账簿时应当从第一页到最后一页顺序编定页数，不得跳页、缺号

B. 启用会计账簿时，应在账簿封面上写明单位名称和账簿名称

C. 启用会计账簿时，应在账簿扉页上附启用表

D. 在年度开始，启用新账簿时，应把上一年度的年末余额记入新账簿的第一行

2. 对账的主要内容包括（   ）。

A. 账证核对　　　B. 账账核对　　　C. 账实核对　　　D. 证表核对

3. 下列各项中，属于登记会计账簿应当注意事项的有（   ）。

A. 特殊记账使用红色墨水笔

B. 各种账簿应按页次顺序连续登记，不得跳行、隔页

C. 如果发生跳行、隔页，应当将空行、空页划线注销，或者注明"此行空白"或"此页空白"字样，并由记账人员签章

D. 每一页登记完毕结转下页时，应当结出本页合计数及余额

4. 登记会计账簿时，下列说法中正确的有（　　）。

A. 要使用蓝黑墨水钢笔书写

B. 月末结账划线可用红色墨水笔

C. 在某些特定条件下可使用铅笔

D. 在规定范围内可以使用红色墨水笔

5. 下列登记银行存款日记账的方法中，正确的有（　　）。

A. 逐日逐笔登记并逐日结出余额

B. 根据企业在银行开立的账户和币种分别设置银行存款日记账

C. 使用订本账

D. 业务量少的单位用银行对账单代替银行存款日记账

6. 关于会计账簿的登记要求，表述正确的有（　　）。

A. 账簿记录中的日期，应该填写记账凭证上的日期

B. 在三栏式账户的"余额"栏前，如未印明余额方向，在"余额"栏内登记负数余额可以使用红色墨水笔

C. 如无意发生隔页、跳行现象，应在空页、空行处用红色墨水笔划对角线注销，或者注明"此页空白"或"此行空白"字样，并由记账人员签名或者签章

D. 对于没有余额的账户，应在借或贷栏内写"平"字，并在"余额"栏用"θ"表示

7. 银行存款日记账通常是由出纳人员根据审核后的（　　）逐日逐笔按照先后顺序进行登记。

A. 银行存款收款凭证　　　　　B. 银行存款付款凭证

C. 现金收款凭证登记　　　　　D. 现金付款凭证登记

8. 常见的特种日记账主要是指（　　）。

A. 现金日记账　　　　　　　　B. 银行存款日记账

C. 收入日记账　　　　　　　　D. 固定资产日记账

9. 三栏式银行存款日记账不属于（　　）。

A. 序时账　　　B. 明细账　　　C. 总分类账　　　D. 备查账

10. 下列关于会计账簿的登记要求，正确的是（　　）。

A. 账簿中书写的文字和数字一般应占格距的1/2

B. 凡需结出余额的账户，若没有余额，应该在借或贷栏内写"平"字，并在"余额"栏用"θ"表示

C. 在不设借、贷等栏的多栏式账页中，登记减少数可以用红字表示

D. 为了使账簿记录清晰，防止涂改，记账时可以采用蓝色或黑色的圆珠笔

三、判断题

1. 账簿记录发生错误时，会计人员应用刮擦、挖补的方式更改错误记录。（　　）

2. 在登记各种账簿时，可以根据需要隔页、跳行。（　　）

3. 登记账簿的唯一依据是审核无误的原始凭证。（ ）

4. 在账簿记录中有可能出现红字。（ ）

5. 三栏式账簿是指具有"日期""摘要""金额"3个栏目的账簿。（ ）

6. 三栏式现金或银行存款日记账，可以使用活页账。（ ）

7. 启用订本式账簿时应当从第一页到最后一页顺序编定页数，可以跳页，不得缺号。（ ）

8. 现金日记账由出纳人员根据审核无误的现金收、付款凭证和转账凭证按照经济业务的发生顺序，逐日、逐笔序时登记。（ ）

9. 现金日记账账面余额应每天与现金实存数核对，不准以借条抵充现金与挪用现金，做到日清月结。（ ）

10. 现金日记账和银行存款日记账期末余额应分别同有关总分类账户的期末余额核对，属于账账核对。（ ）

四、业务操作题

海兰公司在2020年12月发生的所有与库存现金和银行存款有关的业务如下：

（1）12月1日，向银行借入3个月的借款30 000元，借款已存入银行账户（记3号，附单据1张）。

（2）12月4日，购买一批办公用品，价款为800元，用现金支付（记6号，附单据1张）。

（3）12月6日，购买材料一批，用实际成本法核算，价款为6 000元，增值税税率为13%，用银行存款转账结算，材料验收入库（记9号，附单据3张）。

（4）12月8日，收到某公司转账支票一张，金额为50 000元，为归还的前欠货款（记10号，附单据1张）。

（5）12月15日，销售商品一批，货款为50 000元，增值税税率为13%，收到对方开来的支票一张，金额为40 000元，其余款项暂未收到（记20号，附单据2张）。

（6）12月19日，提取现金42 000元，用于发放工资（记27号，附单据1张）。

（7）12月20日，用现金发放工资42 000元（记29号，附单据1张）。

（8）12月22日，出售废品，取得现金收入1 000元（记32号，附单据1张）。

（9）12月25日，销售商品一批，货款为30 000元，增值税税率为13%，全部款项均已收到并存入银行账户（记35号，附单据2张）。

（10）12月31日，以银行存款支付业务招待费5 200元（记39号，附单据1张）。

要求：根据发生的业务登记现金日记账（表4-29）、银行存款日记账（表4-30），并完成月结（已知库存现金期初余额为5 200元，银行存款余额为216 500元）。

表4-29　　现金日记账

年		凭证		摘要	借方										贷方										余额										核对
月	日	种类	号数		千	百	十	万	千	百	十	元	角	分	千	百	十	万	千	百	十	元	角	分	千	百	十	万	千	百	十	元	角	分	

表4-30　　银行存款日记账

开户行名称：　　　　　　　　　　　账号：

年		凭证		摘要	对方科目	借方										贷方										余额										核对
月	日	种类	号数			千	百	十	万	千	百	十	元	角	分	千	百	十	万	千	百	十	元	角	分	千	百	十	万	千	百	十	元	角	分	

项目 5

期末及其他业务

知识目标

(1) 掌握库存现金、银行存款的清查方法；
(2) 掌握工资发放业务流程及账务处理；
(3) 掌握出纳工作交接的基本内容。

技能目标

(1) 能够熟练填制库存现金盘点报告表并进行账务处理；
(2) 能够熟练编制银行存款余额调节表；
(3) 能够快速为单位职工发放工资；
(4) 能够办理出纳工作交接手续，会填制出纳工作交接表。

素质目标

(1) 培养树立岗位责任意识；
(2) 培养严谨的工作作风。

会人会语

从西天取经二次大移交看出纳工作交接

古典名著《西游记》写的是唐僧师徒前往西天取经的故事，故事的结局是唐僧师徒取得真经，但真经的移交过程颇为曲折。唐僧师徒历经千难万险到达西天，求取真经，如来佛祖让阿傩、伽叶二尊者在三藏经中，三十五部之内，各检几卷与唐僧师徒，叫他们传流东土，永注洪恩。这是真经的第一次移交。

这里移交人是阿傩、伽叶二尊者，接交人是唐僧师徒四人，但没有监交人，直接导致移交人阿傩、伽叶向接交人唐僧师徒明目张胆地讨要人事。

作为移交人的阿傩、伽叶二尊者，在移交过程中未准备移交清册，也未一一清点，未索要到人事就以假充真，移交完后也未办理签字画押手续。

作为接交人的唐僧师徒，竟然没有人翻阅真经。连最懂经书的接交人唐僧，也只是看了经名，并未看经卷的内容。这说明接交人在接交过程中并不细心谨慎。

如来佛祖在此次移交过程中也没有给予足够重视，没有实施相应的内控制度，没有安排现场监交人，相反在明知二尊者索贿时还为他们开脱，有法不依，执法不严。

唐僧师徒吸取教训，在返回如来佛祖处进行二次移交时终于获取真经。

点评：

财务工作中的移交是一项极其严肃的工作，涉及责任的划分与界定、移交资产的安全与完整等，是各单位必须高度重视的一项工作。对于即将步入社会的会计专业大学生而言，必须熟悉财务工作交接事宜，细心工作，以保障单位财产的安全与完整。

任务1　库存现金清查业务

 **任务情境**

营口佳美服装有限公司清查小组于 2020 年 5 月 25 日下班前临时对库存现金进行清查盘点，盘点后发现账面余额为 4 300 元，保险柜中库存现金为 3 600 元，短缺 700 元人民币。经核查，该笔现金为出纳员王红保管不力导致的短款，应由出纳员王红个人赔偿。

 学习任务

根据任务情境，协助出纳员王红完成库存现金盘点报告表的填制、相关的账务处理及日记账的登记等相关工作（附空白库存现金盘点报告表、记账凭证和现金日记账如表 5-1~表 5-4 所示）。

表 5-1　库存现金盘点报告表

单位名称：　　　　　　　　　　　　　　　　　　　　　　　　　　年　月　日

账面余额	实存金额	清查结果		备注
		长款	短款	
现金使用情况	(1) 库存现金限额： (2) 白条抵库情况： (3) 违反规定的现金支出情况： (4) 其他违规行为：			
处理决定				

总经理：　　　　　　会计主管：　　　　　　盘点人员：　　　　　　出纳人员：

表5-2 通用记账凭证

				年 月 日											字第 号	
摘要	总账科目	明细科目	借方金额 亿千百十万千百十元角分	√	贷方金额 亿千百十万千百十元角分	√	附单据 张
合计						

会计主管：   记账：   出纳：   审核：   制单：

表5-3 通用记账凭证

			年 月 日		字第 号	
摘要	总账科目	明细科目	借方金额 亿千百十万千百十元角分	√	贷方金额 亿千百十万千百十元角分	√	附单据 张
合计						

会计主管：   记账：   出纳：   审核：   制单：

表5-4 现金日记账

年 月 日	凭证 种类 号数	摘要	借方 千百十万千百十元角分	贷方 千百十万千百十元角分	余额 千百十万千百十元角分	核对

任务目标

通过完成学习任务，掌握库存现金清查的方法、库存现金盘点报告表的填制及库存现金清查的账务处理。

相关知识

库存现金清查是财务人员核对账目的常用方法。为了及时发现可能发生的现金差错或者丢失，确保库存现金安全完整，在出纳人员坚持日清月结制度的基础上，清查人员还需要对库存现金进行定期或者不定期清查。

一、库存现金清查基本知识

库存现金清查是通过实地盘点库存现金，查明其实存数，将实存数与账面数进行核对，确定其是否一致，是否存在溢余或短缺的专项工作。其中，现金的实存数，是指保险柜内实有的现金数额，借条、收据等单据不得抵充现金数；现金的账面数是指库存现金日记账的余额。

（一）清查方法

库存现金清查的基本方法是实地盘点法。一般通过以下工作步骤完成：

（1）盘点前，成立清查小组，要求出纳人员将全部现金集中起来存入保险柜，将所有有关现金业务必须在库存现金日记账中全部登记完毕。

（2）清查时，出纳人员必须在场，由出纳或清查人员盘点保险柜的现金实存数，将实存数填到库存现金盘点报告表中，分币种、面值列示盘点金额。若由出纳人员盘点，则应有监盘人从旁监督。

（3）清查人员审核库存现金收付款凭证和有关账簿，将账面余额填到库存现金盘点报告表中。

（4）将盘点金额与现金日记账余额进行核对，如有差异，应查明原因，并做出记录或适当调整。

 小贴士

出纳人员自行盘点的流程

库存现金清查主要有出纳人员自行盘点和清查小组定期或不定期清查两种方式。出纳人员每日下班前都需要自行盘点库存现金，并核对现金账目。如2020年4月20日，出纳员小李盘点的流程如下：

（1）结清库存现金日记账余额。

出纳员小李下班前结出本日库存现金日记账金额为5 000元。

（2）清点库存现金实有数。

出纳员小李下班前结清现金日记账余额后，又将现金按照币种、面值分别整理好，逐一进行清点，确认现金库存数为5 000元。

（3）账实核对。

将清点的库存现金数额与库存现金日记账的当日余额进行核对。

（4）编制库存现金日报表，如表5-5所示。

表5-5 库存现金日报表

2020年4月20日

摘要	金额								备注
	百	十	万	千	百	十	元	角	分	
上日结存				4	5	0	0	0	0	记账凭证15~18号
本日收入				2	5	0	0	0	0	
本日支出				2	0	0	0	0	0	
本日结存				5	0	0	0	0	0	

（二）清查内容

盘点时一方面要注意账实是否相符，另一方面要检查现金管理制度的遵守情况。所以，盘点的内容通常包括以下几个方面：

（1）是否挪用现金。

（2）是否白条抵库。

出纳人员支付员工借款后，由于借款单据不符合规定等原因，没有把借条交给会计做账，而是将借条留在保险柜里充当现金，等到员工还款，再将借条退还，这就是"白条抵库"现象。

（3）是否超限额留存现金。

（4）账款是否相符等。

（三）盘点结果处理

对盘点中出现的问题进一步审查，分析原因，并根据有关规定提出处理意见：

（1）对挪用现金者，根据情况给予处理。

（2）对不符合财务制度规定的借条，应要求追回款项。

（3）对超限额保管的现金，应建议及时送存银行。

（4）对出现的溢余、短缺问题，应查明原因和责任，对尚未入账的，应按规定及时入账，以保证会计信息的真实准确。

二、填制库存现金盘点报告表

（一）库存现金盘点报告表的格式

库存现金按月或不定期盘点，盘点之后填写库存现金盘点报告表。库存现金盘点报告表的格式如表5-6所示。

表 5-6 库存现金盘点报告表

单位名称：　　　　　　　　　　　　　　　　　　　　　　　　　　　　年　月　日

账面余额	实存金额	清查结果		备注
		长款	短款	

现金使用情况	（1）库存现金限额： （2）白条抵库情况： （3）违反规定的现金支出情况： （4）其他违规行为：
处理决定	

总经理：　　　　　会计主管：　　　　　盘点人员：　　　　　出纳人员：

（二）库存现金盘点报告表的填制要求

（1）库存现金盘点报告表需要根据当日的现金来确认。一般在月末或者出纳人员离职交接时，都要进行现金盘点来查找问题和明确责任。

（2）现金的盘点应由包括出纳人员在内的两个人以上进行，不可由出纳人员独自进行。因此，作为重要的原始凭证，库存现金盘点报告表应由盘点人、监盘人和出纳人员共同签章方能生效。监盘人员通常是财务负责人或会计主管。

（3）无论长款或短款，一定要查明原因。长款或短款的原因由出纳人员给出，监盘人员核对其真实性。

现金短款是实际库存现金数额小于现金日记账余额而出现的现金短缺金额；现金长款是实际库存现金数额大于现金日记账余额而出现的现金多出金额。

（4）出纳人员本人签字，表示对盘点结果和长、短款金额，形成原因和有关票据的真实性负责，不允许盖个人名章。

三、库存现金盘盈、盘亏业务处理

（一）审批之前的处理

根据库存现金盘点报告表等已经查实的数据资料，填制记账凭证，记入有关账簿，使账簿记录与实际盘存数相符，同时根据权限，将处理建议报股东大会或董事会，或经理（厂长）会议或类似机构批准。

每日终了发现有待查明原因的现金长、短款时，都必须进行账务处理。

1. 现金短款的账务处理

借：待处理财产损溢——待处理流动资产损溢
　贷：库存现金

2. 现金长款的账务处理

借：库存现金
　　贷：待处理财产损溢——待处理流动资产损溢

(二) 审批之后的处理

企业清查的各种财产的损溢，应于期末前查明原因，并根据企业的管理权限，经股东大会或董事会，或经理（厂长）会议或类似机构批准后，在期末结账前处理完毕。企业应严格按照有关部门对财产清查结果提出的处理意见进行账务处理，填制有关记账凭证，登记有关账簿，并追回责任者原因造成的财产损失。

1. 现金短款的账务处理

现金短款出现的原因不同，有不同的处理方法。出纳人员保管不力造成的短款，由出纳人员赔偿，记入"其他应收款——个人"；属于应由保险公司赔偿的部分，记入"其他应收款——应收保险赔款"；按实际短缺的金额扣除应由责任人赔偿的部分后的金额，记入"管理费用"；无法查明原因的短缺，记入"管理费用"。具体分录表示为：

借：其他应收款——现金短款（某人）
　　其他应收款——保险赔款（某保险公司）
　　管理费用——现金短款
　　库存现金
　　贷：待处理财产损溢——待处理流动资产损溢

2. 现金长款的账务处理

现金长款出现的原因不同，有不同的处理方法。按应支付给有关人员或单位的部分，记入"其他应付款——个人或单位"；无法查明原因记入"营业外收入——现金盈余"。具体分录表示为：

借：待处理财产损溢——待处理流动资产损溢
　　贷：其他应付款——现金长款（某人）
　　　　其他应付款——现金长款（某单位）
　　　　营业外收入——现金盈余

任务实施

根据任务情境，完成库存现金盘点报告表的填制、现金日记账的登记等相关工作。

具体清查过程如下。

(一) 填制库存现金盘点报告表

清查现金后，填制库存现金盘点报告表（表5-7），交给会计主管审核。

现金盘亏业务处理

现金盘盈业务处理

表5-7　库存现金盘点报告表

单位名称：营口佳美服装有限公司　　　　　　　　　　　　　　　　2020年5月25日

账面余额	实存金额	清查结果		备注
		长款	短款	
4 300.00	3 600.00		700.00	
现金使用情况	(1) 库存现金限额：5 000 (2) 白条抵库情况： (3) 违反规定的现金支出情况： (4) 其他违规行为：			
处理决定				

总经理：　　　　　会计主管：周海　　　　　盘点人员：李玉　　　　　出纳人员：王红

（二）编制记账凭证

制单会计根据审核后的库存现金盘点报告表编制记账凭证（表5-8），做到账实相符。

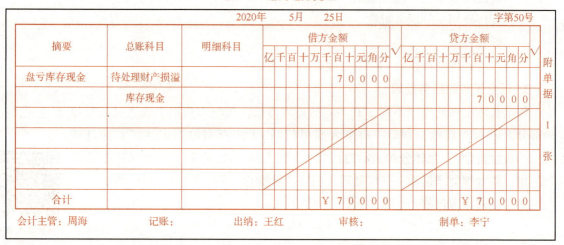

表5-8　通用记账凭证

（三）登记现金日记账

出纳人员根据记账凭证登记现金日记账，如表5-9所示。

（四）编制记账凭证

制单会计人员根据审核后的库存现金盘点报告表（表5-10）编制记账凭证，做到账实相符，如表5-11所示。

表5-9　现金日记账

2020年		凭证		摘要	借方 千百十万千百十元角分	贷方 千百十万千百十元角分	余额 千百十万千百十元角分	核对
月	日	种类	号数					
				承前页	4 6 2 0 0 0 0	7 0 0 0 0 0	3 9 2 0 0 0 0	
5	20		43	发放职工工资		3 5 0 0 0 0 0	4 2 0 0 0 0	
5	22		46	收到零星销售款	2 0 1 0 0 0 0		2 4 3 0 0 0 0	
5	24		49	将现金存入银行		2 0 0 0 0 0 0	4 3 0 0 0 0	
5	25		50	盘盈库存现金		7 0 0 0 0	3 6 0 0 0 0	

表5-10　库存现金盘点报告表

单位名称：营口佳美服装有限公司　　　　　　　　　　　　　2020年5月25日

账面余额	实存金额	清查结果		备注
		长款	短款	
4 300.00	3 600.00		700.00	
现金使用情况	（1）库存现金限额：5 000 （2）白条抵库情况： （3）违反规定的现金支出情况： （4）其他违规行为：			
处理决定	出纳个人原因造成现金短缺，700元全部由出纳本人赔偿。			

总经理：陈石林　　　　会计主管：周海　　　　盘点人员：李玉　　　　出纳人员：王红

表5-11　通用记账凭证

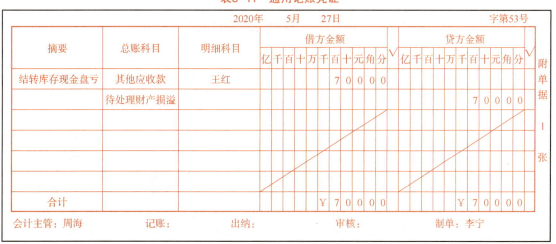

2020年　5月　27日　　　　　　　　　　　　　　　　　　字第53号

摘要	总账科目	明细科目	借方金额 亿千百十万千百十元角分	贷方金额 亿千百十万千百十元角分	附单据1张
结转库存现金盘亏	其他应收款	王红	7 0 0 0 0		
	待处理财产损溢			7 0 0 0 0	
合计			￥ 7 0 0 0 0	￥ 7 0 0 0 0	

会计主管：周海　　　记账：　　　出纳：　　　审核：　　　制单：李宁

任务2　银行存款清查业务

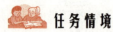**任务情境**

2020年6月5日，出纳员王红从银行取回5月的对账单，对银行存款进行核对。核对余额时发现银行存款日记账余额≠银行对账单余额，经查记账没有错误，如表5-12、表5-13所示。

表5-12　银行存款日记账

开户行名称：中国建设银行营口支行　　　　　　账号：3602209009066382445

年月	日	凭证种类	凭证号数	摘要	借方	贷方	余额	核对
5	1			期初余额			125 000.00	
5	3		2	提取现金		52 000.00	73 000.00	
5	4		5	收回销售货款	38 000.00		111 000.00	
5	5		6	支付广告费		35 000.00	76 000.00	
5	6		13	支付购买材料款		17 000.00	59 000.00	
5	10		16	收回销售货款	56 000.00		115 000.00	
5	12		18	收回销售货款	27 000.00		142 000.00	
5	25		25	支付利息费用		3 200.00	138 800.00	
5	27		30	支付维修费		3 500.00	135 300.00	
5	28		34	提取现金		10 000.00	125 300.00	
5	31		38	收到销售货款	12 000.00		137 300.00	
5	31		40	收到销售货款	25 000.00		162 300.00	
5	31			本月合计	158 000.00	120 700.00	162 300.00	

表5-13　中国建设银行营口支行单位账户明细对账单

账号：3602209009066382445　　　户名：营口佳美服装有限公司　　　2020年5月31日

日期	交易类型摘要	凭证号	借方发生额	贷方发生额	借/贷	余额	对账
0501	期初余额				贷	125 000.00	
0503	现金支出	0301	52 000.00		贷	73 000.00	
0504	转账收入	0404		38 000.00	贷	111 000.00	
0505	转账支出	0405	35 000.00		贷	76 000.00	
0506	转账支出	0506	17 000.00		贷	59 000.00	
0510	转账收入	0607		56 000.00	贷	115 000.00	
0517	转账收入	0608		27 000.00	贷	142 000.00	
0524	转账支出	0609	2 000.00		贷	140 000.00	
0525	转账支出	0710	3 200.00		贷	136 800.00	
0528	现金支出	1013	10 000.00		贷	126 800.00	
0530	转账收入	1014		16 000.00	贷	142 800.00	
0531	转账收入	1116		12 000.00	贷	154 800.00	

 **学习任务**

根据任务情境,完成银行存款余额调节表的编制,如表 5-14 所示。

表 5-14 银行存款余额调节表
年　　月　　日

单位名称:　　　　　　　开户银行:　　　　　　　　　　　账号:

项 目	金额	项 目	金额
企业银行存款日记账余额		银行对账单余额	
加:银行已收,企业未收		加:企业已收,银行未收	
减:银行已付,企业未付		减:企业已付,银行未付	
调节后的存款余额		调节后的存款余额	

会计主管:　　　　　　　　　　制单:

 任务目标

通过完成学习任务,掌握银行存款清查的方法、银行存款余额调节表的编制。

 相关知识

一、银行存款清查基本知识

银行存款清查亦称银行对账,是指将企业银行存款日记账的账面余额与开户银行提供的银行对账单记录逐日逐笔进行核对,以查明账实是否相符。

(一)清查的方法及步骤

银行存款日记账每月至少与银行对账单核对一次,采用的方法主要是询证核对法。核对的具体做法是:

(1)清查前检查单位银行存款日记账的正确性和完整性。

(2)出纳人员根据银行提供的对账单同银行存款日记账进行核对。

出纳人员收到对账单后应及时与银行存款日记账进行核对,对账单借方发生额核对的是银行存款日记账贷方发生额;对账单贷方发生额核对的是银行存款日记账借方发生额(即相反方向核对)。核对时,需对凭证的种类、编号、摘要、记账方向、金额、记账日期等内容进行逐项核对。

(3)核对后的金额应做出标记,以免漏对或重对。

凡是对账单与银行存款日记账记录内容相同的可用"√"在银行存款对账单和日记账上分别标示,以表明该笔业务核对一致。

(4)找出未达账项。

对账时,可能会出现双方反映的银行存款余额不一致现象。造成二者不一致的原因一是记账错误,二是存在未达账项。

(5）银行存款日记账月末与对账单之间未达账项填入银行存款余额调节表。

(6）将调整平衡的银行存款余额调节表，经主管会计签章后，呈报开户银行。

（二）未达账项

未达账项是指企业与银行之间，由于凭证传递时间的不同，导致记账时间的不一致，对于同一笔款项收付业务，一方已经接到有关结算凭证并已登记入账，另一方由于没有接到有关结算凭证而尚未登记入账的款项。

未达账项主要有以下4种类型：

(1）企业已收款记账，银行未收款未记账；

(2）企业已付款记账，银行未付款未记账；

(3）银行已收款记账，企业未收款未记账；

(4）银行已付款记账，企业未付款未记账。

二、编制银行存款余额调节表

发生未达账项时，通过编制银行存款余额调节表进行调整，调整后，银行存款日记账余额应与银行对账单余额相等。如果不符，就要通过查阅凭证、账簿来查明原因，并同银行联系更正错账。

（一）银行存款余额调节表的格式

银行存款余额调节表的格式如表5-15所示。

表5-15 银行存款余额调节表
年　月　日

单位名称：　　　　　　　开户银行：　　　　　　　账号：

项　目	金额	项　目	金额
企业银行存款日记账余额		银行对账单余额	
加：银行已收，企业未收		加：企业已收，银行未收	
减：银行已付，企业未付		减：企业已付，银行未付	
调节后的存款余额		调节后的存款余额	

会计主管：　　　　　　　　　　　　制单：

（二）银行存款余额调节表的编制步骤

(1）按银行存款日记账登记的先后顺序逐笔与银行对账单核对，对双方都已登记的事项用"√"标示。

(2）对银行存款日记账和银行对账单中未标示"√"的项目进行检查，确认是属于记账错误，还是属于未达账项。

(3）对查出的企业记账错误按照一定的错账更正方法进行更正，登记入账，调整银行存款日记账账面余额；将银行记账错误通知银行更正，并调整银行对账单余额。

(4）编制银行存款余额调节表，将属于未达账项的事项记入银行存款余额调节表，计算调节后的余额。

编制银行存款余额调节表的方法是在银行与开户单位的账面余额的基础上,加上各自的未收款减去各自的未付款,然后再计算出双方余额,通过调节后的余额才是企业银行存款实存数。具体公式如下:

企业银行存款日记账余额 + 银行已收,企业未收 – 银行已付,企业未付 = 银行对账单余额 + 企业已收,银行未收 – 企业已付,银行未付

(三) 编制银行存款余额调节表的注意事项

(1) 银行存款余额调节表只能起到核对账目的作用,不得用于调整银行存款账面余额,不属于原始凭证,不能作为账务处理的依据。如果在核查未达账项中发现确有银行存款不能收回的,应当将其确认为当期损失,记入"营业外支出"科目。

(2) 银行存款余额调节表一般由会计人员编制,但在实际工作中,有些单位是由出纳人员编写银行存款余额调节表,再由会计人员核验。因此出纳也应掌握银行存款余额调节表的编制。

任务实施

根据任务情境完成银行存款余额调节表的编制。

(1) 分析未达账项。

银行存款日记账和银行对账单余额不符,但是记账没有错误,那么就需要分析未达账项。

①银行日记账中5月27日,企业支付3 500元维修费,但银行尚未收到企业付款信息,所以银行未登记入账,属于企业已付,银行未付;

②银行日记账中5月31日,企业收到25 000元销售货款,但银行尚未收到企业收款信息,所以银行未登记入账,属于企业已收,银行未收;

③银行对账单中5月24日,银行发生转账支出2 000元,但企业尚未收到银行付款通知回单,所以企业未登记入账,属于银行已付,企业未付;

④银行对账单中5月30日,银行收到转账收入16 000元,但企业尚未收到银行收款通知,所以企业未登记入账,属于银行已收,企业未收。

银行存款余额调节表的编制

(2) 根据未达账项编制银行存款余额调节表,如表5–16所示。

表5–16 银行存款余额调节表

2020年6月5日

单位名称:营口佳美服装有限公司
开户银行:中国建设银行营口支行　　　　　　账号:3602209009066382445

项目	金额	项目	金额
企业银行存款日记账余额	162 300	银行对账单余额	154 800
加:银行已收,企业未收	16 000	加:企业已收,银行未收	25 000
减:银行已付,企业未付	2 000	减:企业已付,银行未付	3 500
调节后的存款余额	176 300	调节后的存款余额	176 300

会计主管:　　　　　　　　　制单:

任务3　工资发放业务及员工个人所得税的计算

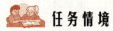 **任务情境**

小李是某单位新来的出纳,该单位采取银行代发工资的形式,每月10日前准时发放工资。马上要到单位发工资的日期了,会计已经把工资表做出来,让小李帮助核实工资表的数据,顺便了解工资表中各个项目的来源及个人所得税的计算,之后小李就需要将工资按时发放。

 **学习任务**

根据任务情境,完成工资代发业务。

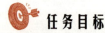 **任务目标**

通过完成学习任务,掌握工资代发流程及个人所得税的计算。

 相关知识

工资的发放关系到单位的每位员工,牵扯到每位员工的切身利益。

一、工资发放基本知识

(一) 发放工资前的准备工作

出纳人员发放工资前,要确认如下事项:一是确认何时发放工资,二是确认人事部门编制的工资表金额无误,三是确认工资表审批手续是否完备。以上事项确认完毕后,出纳人员才可以正常发放工资。

(二) 发放工资的形式

1. 现金发放

企业用现金发放工资时,通常需要以下几个步骤完成。

1) 取现

用现金发放工资时,出纳人员需根据工资发放金额,先到开户银行支取现金以备发放工资。

2) 签名

取回现金准备发放工资时,出纳人员需要求领款人在工资表上签名并写上证明个人身份的信息,如姓名、身份证号码等。

3) 发放

发放工资时,出纳人员与领款人应在现场确认钞票真伪,确认无误后出纳人员应当告知领款人若离开后发现假钞不予退回。企业员工若因请假或者出差未能亲自领取工资的,可以叫人代领。

4) 盖章

工资发放完毕，出纳人员应在工资表上加盖现金付讫章，同时将工资表交给会计做账。

2. 银行代发

银行代发是企业委托银行向全国范围内的员工代发工资的一项服务。企业采取银行代发工资形式时，通常需要以下几个步骤完成。

1) 签订协议

企业委托银行代发工资时，一般需要与银行签订代发工资协议。代发工资的账户可以是基本账户，也可以是一般账户或专用账户。

2) 工资划转

签订协议后，每个月的工资都可以去银行划转入账。

3) 履约入账

开户银行按照代发工资协议的约定及出纳人员提供的代发工资清单资料，按时将应发给员工的工资足额转入每位员工的储蓄账户，并收取一定的手续费。手续费收取完毕，银行会交予出纳人员一张收费凭证，证明所收取的手续费。

实际工作中，银行代发工资有两种形式：

一是企业直接通过网上银行代发，出纳人员不需要去银行，只需要确保银行存款足额，同时按照银行的格式导入工资发放明细表，确认支付即可。这种方法简单高效。

二是出纳人员开具支票，将工资表存到 U 盘后交到银行，将资金转入发放专户，并由银行柜员将工资发放清单导入银行系统后发放。

（三）出纳人员在发放工资时应注意的问题

（1）企业发放工资时，还要发工资条给员工。具体方式包括：纸质工资条、邮件、短信通知、OA 平台通知、企业微信通知等。以现金形式支付的，必须由本人在纸质工资条上签名。

（2）他人代领工资时，必须由作为委托人的员工本人书面授权，并验存代领人的身份证明。

（3）出纳人员了解每位员工的收入情况。员工的收入信息属于个人隐私，因此，出纳人员负有保密的法定义务，不得泄露信息。

二、工资表的计算

工资表是企业按月向职工支付工资的原始凭证。大多数企业工资的计算由人力资源部门完成，也有极少数企业工资的计算由财务部门完成，人力资源部门只负责考勤的统计和上报。出纳人员按每个员工的工资数计算工资总额，通过银行代发工资，并附以工资发放清单。工资表的格式如表 5-17 所示。

表5-17 工资表

单位名称：							年　月　日									
姓名	部门	职务	基本工资	补贴			加班工资	应发工资	扣款						实发工资	签字
				住房补贴	伙食补贴	其他	小计			个人所得税	养老保险	失业保险	医疗保险	住房公积金	病事假		
审批人：				审核人：							制表人：					

　　工资总额是指企业在一定时期内支付给本单位职工的劳动报酬总额，包括基本工资，各种补贴、加班工资。工资结算的内容包括应发工资的计算、代扣款项的计算、实发工资的计算。企业在一定时期内应付给职工的工资应依据有关原始记录进行计算。计算工资的原始记录主要有考勤记录表，代扣款项主要有社会保险和住房公积金，最终形成工资表。

　　工资表编制过程中需要注意以下几点：

　　（1）实发工资＝工资总额－社会保险费－住房公积金－个人所得税－其他代扣款项

　　（2）社会保险和住房公积金都分为两部分，一是企业支付部分，二是个人支付部分。工资表计算的为个人应支付部分，企业作为代扣代缴人替员工个人将费用上缴到社保中心或住房公积金管理中心。而企业支付的部分是要作为单位的费用，不在工资表中体现。

　　（3）社会保险和住房公积金缴费金额的计算

　　社会保险缴费金额＝缴费基数×缴费比例

　　住房公积金缴费金额＝缴费基数×缴费比例

　　其中，缴费基数一般是根据员工上年申报个人所得税工资、薪金的月平均额来核定的，在一年之内是固定的。这里需注意，缴费基数是有上、下限的规定的。

　　社会保险和住房公积金缴费比例一般为：

　　养老保险：单位20%，个人8%；

　　医疗保险：单位10%，个人2%；

　　失业保险：单位1.5%，个人0.5%；

　　住房公积金：单位12%，个人12%。

　　不同地区的比例会略有不同。

　　另外，工伤保险和生育保险完全是由企业承担的，个人不需要缴纳。

三、个人所得税的计算

　　目前的个人所得税大部分都是由企业代收代缴的。作为一名合格的财务人员，必须了解个人所得税的计算，尤其是工资薪金个人所得税的计算。

(一) 工资薪金个人所得税的计算

1. 综合所得的总体规定

综合所得主要是针对居民个人而言的。居民个人的综合所得主要包括工资薪金所得、劳务报酬所得、稿酬所得、特许权使用费所得。这些综合所得按年计税,但是日常由扣缴义务人代扣代缴,年度终了后,将这些综合所得汇总后计算全年应纳税额,并与扣缴义务人代扣代缴税额比较,多退少补。

2. 工资薪金个人所得税的计算

工资薪金是指个人因任职或者受雇而取得的工资、薪金、奖金、福利、劳动分红(股票期权)、津贴、补贴以及与任职或者受雇有关的其他所得。

对于综合所得4个项目之一的工资薪金,采用累计预扣法,按月预扣预缴。

累计预扣法是指扣缴义务人在一个纳税年度内预扣预缴税款时,以纳税人在本单位截至当前月份工资薪金所得累计收入减除累计免税收入、累计减除费用、累计专项扣除、累计专项附加扣除和累计依法确定的其他扣除后的余额为累计预扣预缴应纳税所得额,从而根据税率表计算累计应预扣预缴税额,再减除累计减免税额和累计已预扣预缴税额,其余额为本期应预扣预缴税额。

具体计算公式如下:

本期应预扣预缴税额=(累计预扣预缴应纳税所得额×预扣率-速算扣除数)-累计减免税额-累计已预扣预缴税额

累计预扣预缴应纳税所得额=累计收入-累计免税收入-累计减除费用-累计专项扣除-累计专项附加扣除-累计依法确定的其他扣除

注意,计算余额为负值时,企业当月不需交税,也暂不退税。纳税年度终了后余额仍为负值时,由纳税人通过个人所得税APP办理综合所得年度汇算清缴,税款多退少补。

3. 具体扣除标准

计算工资薪金个人所得税时,累计减除费用标准为每月减除5 000元;累计专项扣除为每月按标准缴纳的基本养老保险、基本医疗保险、失业保险等社会保险费及每月按标准缴纳的住房公积金;累计专项附加扣除,包括子女教育、继续教育、大病医疗、住房贷款利息或者住房租金、赡养老人等。

(二) 工资薪金个人所得税税率表

工资薪金个人所得税税率表如表5-18所示。

表5-18 工资薪金个人所得税税率表

(居民个人综合所得、居民个人工资薪金所得预扣预缴适用)

级数	全年应纳税所得额	税率/%	速算扣除数
1	不超过36 000元	3	0
2	超过36 000元至144 000元的部分	10	2 520
3	超过144 000元至300 000元的部分	20	16 920

续表

级数	全年应纳税所得额	税率/%	速算扣除数
4	超过 300 000 元至 420 000 元的部分	25	31 920
5	超过 420 000 元至 660 000 元的部分	30	52 920
6	超过 660 000 元至 960 000 元的部分	35	85 920
7	超过 960 000 元的部分	45	181 920

(三) 工资薪金个人所得税计算实例

中国公民职员王某（于 2018 年入职某公司），在 2019 年每月从公司取得工资、薪金收入为 15 000 元。当地规定的社会保险和住房公积金个人缴存比例为：基本养老保险 8%、基本医疗保险 2%、失业保险 0.5%、住房公积金 12%。王某缴纳社会保险费核定的缴费工资基数每月为 10 000 元。王某正在偿还首套住房贷款及利息；王某的独生子正在就读初中 1 年级；王某是独生女，父亲将于 2 月 15 日年满 60 周岁。王某夫妻约定由王某扣除贷款利息和子女教育费。假设无其他扣除项目，计算公司 1 月、2 月应预扣预缴王某的个人所得税税额。

第一步，计算 1 月公司应预扣预缴个人所得税：

(1) 累计收入：15 000 元。

(2) 累计减除费用：5 000 元。

(3) 累计专项扣除：10 000 × (8% + 2% + 0.5% + 12%) = 2 250 （元）。

(4) 累计专项附加扣除：

子女教育：1 000 元；

首套住房贷款利息支出：1 000 元。

(5) 累计预扣预缴应纳税所得额：15 000 − 5 000 − 2 250 − 2 000 = 5 750 （元）。

(6) 本期应预扣预缴税额：5 750 × 3% = 172.5 （元）。

第二步，计算 2 月公司应预扣预缴个人所得税：

(1) 累计收入：15 000 × 2 = 30 000 （元）。

(2) 累计减除费用：5 000 × 2 = 10 000 （元）。

(3) 累计专项扣除：10 000 × (8% + 2% + 0.5% + 12%) × 2 = 4 500 （元）。

(4) 累计专项附加扣除：

子女教育：1 000 × 2 = 2 000 （元）；

首套住房贷款利息支出：1 000 × 2 = 2 000 （元）；

赡养老人：2 000 元。

(5) 累计预扣预缴应纳税所得额：30 000 − 10 000 − 4 500 − 6 000 = 9 500 （元）。

(6) 本期应预扣预缴税额：9 500 × 3% − 172.5 = 112.5 （元）。

四、工资表的账务处理

（一）月末计提工资费用

借：生产成本/制造费用/管理费用/销售费用等
　　贷：应付职工薪酬——工资

（二）计提企业负担的社会保险及公积金

借：生产成本/制造费用/管理费用/销售费用等
　　贷：应付职工薪酬——社会保险费（企业部分）
　　　　应付职工薪酬——公积金（企业部分）

（三）发放工资

借：应付职工薪酬——工资（应发工资数）
　　贷：银行存款/库存现金
　　　　其他应付款——社会保险费（个人部分）
　　　　其他应付款——公积金（个人部分）
　　　　应交税费——应交个人所得税

（四）企业实际缴纳五险一金

借：应付职工薪酬——社会保险费（企业部分）
　　应付职工薪酬——公积金（企业部分）
　　其他应付款——社会保险费（个人部分）
　　其他应付款——公积金（个人部分）
　　贷：银行存款（企业＋个人合计数）

（五）企业上缴代扣代缴的个人所得税

借：应交税费——应交个人所得税
　　贷：银行存款

任务实施

（1）出纳人员核对工资表数据，重点审核工资表中如社会保险、公积金、个人所得税、代扣款项以及实发工资的数额是否准确。

（2）如果是银行第一次代发，单位首先需要与开户银行签订委托代理协议，开户银行办理批量开户手续。

（3）该企业不是第一次由银行代发工资，本月只需和以往一样做好代发。如果有新增的员工，需要向开户银行提供新增员工本人的身份证复印件。

（4）出纳人员需按照银行指定的工资表格式制作工资盘，每月按时将电子数据提交给银行。

工资发放

居民个人综合所得个人所得税的计算

(5) 出纳人员开具转账支票，填制进账单将代发工资总额转入银行的代付账户中。

(6) 银行发放工资，银行人员通过系统数据核对金额、笔数是否相符。若核对相符，则代发工资成功。

任务4　出纳工作交接

 **任务情境**

2019年12月31日，营口佳美服装有限公司原出纳员张涵与新出纳员王红办理出纳工作交接手续。

（1）盘点库存现金共4 959.50元（其中有41张100元、11张50元、10张20元、18张5元、10张1元、17张5角、10张1角）。与前1日的库存现金日记账余额核对无误。

（2）基本存款账户的银行存款日记账余额为人民币325 500.00元，而银行对账单上却显示332 100.00元。

（3）银行预留印鉴卡1张。

（4）移交2019年1月1日—12月31日的现金日记账1本、银行存款日记账2本、支票领用登记簿1本、收据1本、现金支票13张、转账支票15张，1—12月银行对账单各1份，共12份，1—12月银行存款余额调节表各1份，共12份。

（5）现金收讫章1枚、现金付讫章1枚、转账收讫章1枚、转账付讫章1枚、法定代表人私章1枚。

（6）保险柜钥匙2把及密码数字1组（3个）；多功能计算器和支付密码器各1个；机械保险柜、多功能防伪点钞机、电动装订机、自动支票打字机各1台，功能完好；台式计算机1台，运行正常。

 学习任务

根据任务情境，完成出纳工作交接单（表5-19）的填写。

表5-19　出纳工作交接单

原出纳_____，因工作调动，财务部已决定将出纳工作移交给_____接管。现办理如下交接：

一、交接日期

20____年____月____日。

二、具体业务的移交

（1）库存现金：____月____日账面余额_____元，与实存数相符，日记账余额与总账相符。

（2）库存债券：_____万元，经核对无误。

（3）银行存款：_____万元，与编制的银行存款余额调节表核对相符。

续表

```
三、移交的会计凭证、账簿及相关经济文件
    (1) 本年度现金日记账_____本。
    (2) 本年度银行存款日记账_____本。
    (3) 支票领用登记簿_____本。
    (4) 收据_____本。
    (5) 空白现金支票_____张（_____号至_____号）。
    (6) 空白转账支票_____张（_____号至_____号）。
    (7) 银行预留印鉴卡_____张
    (8) 银行对账单共_____份（20_____年度）
    (9) 银行存款余额调节表共_____份（20_____年度）。
    (10) 出纳物品：
四、印章
    (1) 转账收讫章_____枚。
    (2) 转账付讫章_____枚。
    (3) 现金收讫章_____枚。
    (4) 现金付讫章_____枚。
    (5) 法定代表人私章_____枚。
    (6) 其他：
五、交接前后工作责任的划分
    20_____年___月___日____前的出纳责任事项由_____负责，_____年___月___
    日____起的出纳责任事项由_____负责。以上移交事项均经交接双方认定无误。
六、本交接书一式三份，双方各持一份，存档一份
                                移交人：_____（签名盖章）
                                接管人：_____（签名盖章）
                                监交人：_____（签名盖章）
                                _____公司财务部（公章）
                                        20_____年___月___日
```

任务目标

通过完成学习任务，掌握出纳工作交接的内容，学会填写出纳工作交接单。

相关知识

作为单位一名出纳，无论是新上岗，还是离职，不可避免会遇到一个问题，那就是出纳工作交接问题。

一、出纳工作交接的几种情形

《会计法》第四十一条规定："会计人员调动工作或离职"，必须与接管人员办清交接手续。一般会计人员办理交接手续由会计机构负责人（会计主管人员）监交；会计机构负责人（会计主管人员）办理交接手续，由单位负责人监交，必要

时主管单位可以派人会同监交。

出纳工作的交接也要按《会计法》的规定进行，出纳人员在调动工作或者离职时，一定要与接管人员办理交接手续，这是出纳人员对工作应尽的职责，也是分清移交人员和接管人员责任的重要措施。以下几种情形需要办理出纳工作交接：

（1）出纳人员辞职或离开企业。

（2）出纳人员工作变动，不再担任出纳职务。

（3）出纳岗位内部重新分工。

（4）出纳人员因病、事假或临时调用不能继续从事出纳工作。

（5）因特殊情况按规定不宜继续从事出纳工作。

（6）因企业原因需要办理出纳交接工作的，如企业解散、破产、兼并、合并、分立等。

办好交接工作，可使出纳工作前后衔接，保证后续工作的顺利进行，也可以防止账目不清，财务混乱，给不法分子造成可乘之机。没有办理工作交接手续的出纳人员，不得调动或离职。在交接后，出现工作上的问题，原出纳人员应积极给予相应的帮助。

二、出纳工作交接的责任

（一）移交人员（原出纳）

移交人员，是即将离职的出纳人员，其需要把出纳有关工作事宜交接给接替工作的新的出纳人员。移交人员对应当移交的内容，承担完整、完好、准确和可延续使用的责任。

（二）接管人员（新出纳）

接管人员，是新上岗的出纳人员，即接替移交人工作的出纳人员，其需要弄清楚移交人员有关事宜。接管人员对所接收的内容，承担完整、完好、准确和能够独立延续使用的责任。

（三）监交人员

交接过程中要有专人负责监交。交接过程中监交人员要始终在现场，根据出纳工作交接单上的内容，逐项进行核验，见证交接过程和交接内容。监交人员，通常是企业财务经理或主管人员派来监督移交人、接交人交接工作的第三人，一般来讲，是企业的其他会计人员。

在交接过程中，需要把每一件事情都梳理清楚，以便于分清责任，所以三方人员都要认真对待交接工作，明确各自的责任。

三、出纳工作交接的内容

（一）资金交接

资金交接包括库存现金、银行存款、有价证券等的交接，实有数必须与账面相符。

(二)票据、账簿交接

票据、账簿交接包括原始凭证、记账凭证、现金日记账、银行存款日记账、收款收据、支票登记簿、各类空白支票、空白收据等的交接,一定要核对好后再交接,以防止账目不清、财务混乱。关键是:库存现金与现金日记账核对清楚,银行存款与对账单和银行存款日记账核对清楚,空白的各种票据与各自对应的登记簿核对清楚,主要是核对票据编码,不能跳号。

(三)设备交接

设备交接包括电脑、打印机、凭证装订机、保险柜、银行支付密码器、支票密码器等的交接。交接的每一个设备,都需要移交人、接交人分别查验质量是否完好、能否使用、密码是否正确,对每个设备都必须操作一遍。

(四)印章交接

印章交接包括现金收讫章、现金付讫章、银行收讫章、银行付讫章、发票专用章、银行预留印鉴(财务专用章和法定代表人私章)等的交接。交接时一定要清点好数量。

(五)其他事物的交接

其他事物的交接包括银行对账单,银行存款余额调节表以及由出纳人员保管的合同、协议、其他会计资料等的交接。双方要现场点清,查看无误后交接。

实行会计电算化的单位,出纳工作交接还应包括下列内容的交接:

(1)会计软件及与会计软件有关的密码或口令,存储会计数据的介质(磁带、磁盘、光盘、微缩胶片等);

(2)有关会计电算化的其他资料、实物等。

四、出纳工作交接的常见问题

(一)单位不给离职员工办理工作交接手续

案例:小张原就职于某单位担任出纳,后递交了离职申请,单位一直未给小张办理工作交接手续,后小张只是局部清点现金后由主管签字,然后离职。最近,该单位发现系统中少了一笔钱,就把责任推到了小张身上,要求小张赔偿。

思考:小张是否有责任?单位不给办理工作交接手续,员工怎么办?

分析:离职时未办理工作交接手续,或者工作交接未完成,将产生很大风险。小张应该提前做好交接准备,编写出纳工作交接单,将自己负责的事项全部罗列清楚,如果单位不配合办理工作交接手续,小张可以向劳动行政部门申诉解决,也可以委托公证处进行证据保全,以备日后通过法律程序解决。

（二）原出纳未与新出纳办理工作交接手续后的责任承担

案例：小李在今年年初应聘到某单位担任出纳。该单位原出纳因病离职，未来得及办理工作交接手续。小李接替工作后3个月，单位审计被发现去年年末现金少了20 000元。由于未办理工作交接手续，小李需要承担责任。

思考：小李是否承担主要责任？

分析：接任出纳的第一件事就是进行工作交接，这是法定程序。移交人员对所移交的会计资料的合法性、真实性负责。即便接替人员在交接时因疏忽没有发现所接会计资料在合法性、真实性方面的问题，如事后发现，仍应由原移交人员负责，原移交人员不应以会计资料已移交而推卸责任。所以，该责任主要由原出纳承担。小李接替工作后，没有及时清点现金、查对凭证和账目，错过了发现问题的最佳时机。对小李来说，这也是一个教训。

（三）出纳工作交接单丢失

案例：小王去某单位担任出纳工作，顺利与原出纳办理了工作交接手续，填写了出纳工作交接单。但是没过两天，小王不小心把出纳工作交接单弄丢了，于是小王想找当时的其他两位签字责任人复印一份。

思考：复印是否可行？小王具体该怎么操作？

分析：原出纳工作交接单丢失，小王只能复印一份，但是在复印的同时，为保证复制效力，务必需监交人在复印件上签字署名。

出纳工作交接不单是岗位责任的交接，更是风险的交接，交接时需要注意的问题还有很多，如暂时顶替也要办理工作交接手续、个人名章任何时候都不能交由顶替人员使用等，因此，出纳交接工作必须谨慎。

出纳工作交接应注意的问题

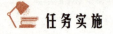 任务实施

张涵与王红的出纳工作交接单如表5-20所示。

表5-20　出纳工作交接单

原出纳　　张涵　　，因工作调动，财务部已决定将出纳工作移交给　　王红　　接管。现办理如下交接：
一、交接日期
20　19　年　12　月　31　日。
二、具体业务的移交
（1）库存现金：12 月31 日账面余额　4 959.50　元，与实存数相符，日记账余额与总账相符。
（2）库存国库券：　520 000.00　元，经核对无误。
（3）银行存款：　325 500.00　元，与编制的银行存款余额调节表核对相符。
三、移交的会计凭证、账簿及相关经济文件
（1）本年度现金日记账　　1　本。

续表

(2) 本年度银行存款日记账 __2__ 本。

(3) 支票领用登记簿 __1__ 本。

(4) 收据 __1__ 本。

(5) 空白现金支票 __13__ 张（_____ 号至 _____ 号）。

(6) 空白转账支票 __15__ 张（_____ 号至 _____ 号）。

(7) 银行预留印鉴卡 __1__ 张。

(8) 银行对账单共 __12__ 份（20 __20__ 年度）。

(9) 银行存款余额调节表共 __12__ 份（20 __20__ 年度）。

(10) 出纳物品：保险柜钥匙2把及密码数字1组（3个）；多功能计算器和支付密码器各1个；机械保险柜、多功能防伪点钞机、电动装订机、自动支票打字机各1台，功能完好；台式计算机1台，运行正常。

四、印章

(1) 转账收讫章 __1__ 枚。

(2) 转账付讫章 __1__ 枚。

(3) 现金收讫章 __1__ 枚。

(4) 现金付讫章 __1__ 枚。

(5) 法定代表人私章 __1__ 枚

(6) 其他：

五、交接前后工作责任的划分

20 __19__ 年 __12__ 月 __31__ 日 __24：00__ 前的责任事项由 __张涵__ 负责，2020 年 1 月 1 日 0：00 起的出纳责任事项由 __王红__ 负责。以上移交事项均经交接双方认定无误。

六、本交接书一式三份，双方各持一份，存档一份

移交人：__张涵__（签名盖章）

接管人：__王红__（签名盖章）

监交人：__周海__（签名盖章）

_____ 公司财务部（公章）

20 __19__ 年 __12__ 月 __31__ 日

项目5　知识测试与能力训练

一、单项选择题

1. 清查现金发现现金短缺时，应贷记（　　）账户。
   A. 其他应收款　　　　　　　　B. 库存现金
   C. 营业外支出　　　　　　　　D. 待处理财产损溢

2. 企业发现现金溢余、短缺，在查明原因处理之前，应通过（　　）科目核算。
   A. 其他应收款　　　　　　　　B. 其他应付款
   C. 管理费用　　　　　　　　　D. 待处理财产损溢

3. 无法查明原因的现金溢余，经批准后记入（　　）账户。
   A. 其他应付款　　　　　　　　B. 管理费用
   C. 营业外收入　　　　　　　　D. 其他应收款

4. 某企业盘点现金时发现库存现金短款351元，经核准需由出纳员赔偿200元，其余短款无法查明原因，关于现金短款相关会计科目处理正确的是（　　）。
   A. 借记"财务费用"科目151元
   B. 借记"其他应付款"科目200元
   C. 借记"管理费用"科目151元
   D. 借记"营业外支出"科目151元

5. 企业开出支票一张，银行尚未入账，属于（　　）情况的未达账项。
   A. 银行已收，企业未收　　　　B. 企业已付，银行未付
   C. 企业已收，银行未付　　　　D. 银行已付，企业未付

6. 下列各项中，会导致企业银行存款日记账余额大于银行对账单余额的是（　　）。
   A. 企业开具支票，对方未到银行兑现
   B. 银行误将其他公司的存款计入本企业银行存款账户
   C. 银行代收货款，企业尚未接到收款通知
   D. 企业收到购货方转账支票一张，送存银行，银行尚未入账

7. 经银行存款余额调节表调整后的银行存款余额是（　　）。
   A. 企业账上的银行存款额
   B. 银行对账单上的银行存款额
   C. 资产负债表中反映的银行存款余额
   D. 银行存款的实有数

8. 下列不属于出纳工作交接原因的是（　　）。
   A. 企业内部工作变动，不再担任出纳职务
   B. 企业更换会计主管
   C. 出纳人员辞职或离开单位
   D. 出纳岗位内部重新分工

9. 企业为职工缴纳社会保险费和住房公积金，应当在职工为其提供服务的会计期间，按照（　　）的一定比例计算。
   A. 销售收入　　B. 利润　　　C. 工资总额　　D. 基本工资

10. 根据个人所得税法律制度的规定，下列各项中，不可以作为个人专项附加扣除的为（　　）。
    A. 子女抚养　　B. 继续教育　　C. 赡养老人　　D. 子女教育

二、多项选择题

1. 下列关于企业现金清查的说法中正确的有（　　）。
   A. 对于超限额留存的现金应及时送存银行
   B. 对于现金清查结果，应编制现金日报表
   C. 现金清查一般采用实地盘点法
   D. 对于无法查明原因的现金短缺，经过批准后应计入营业外支出

2. 对库存现金进行清查盘点时,应该(　　)。

A. 清查现金实有数,并且与日记账余额核对

B. 盘点的结果应填列现金盘点报告表

C. 出纳人员必须在场,并且由出纳人员亲自盘点

D. 检查库存限额的遵守情况及有无白条抵库情况

3. 下列各项中,关于企业现金溢余的会计处理的表述中正确的有(　　)。

A. 无法查明原因的现金溢余计入营业外收入

B. 应支付给有关单位的现金溢余计入其他应付款

C. 无法查明原因的现金溢余冲减管理费用

D. 应支付给有关单位的现金溢余计入应付账款

4. 未达账项的情况有(　　)。

A. 单位存入银行的款项,单位已经作为存款增加入账,而银行尚未办理入账手续

B. 单位开出转账支票或其他付款凭证,并已作为存款减少入账,银行尚未支付而没有记账

C. 银行代单位划转收取的款项已经入账,单位尚未收到银行的收账通知而未入账

D. 银行代单位划转支付的款项已经划出并记账,单位尚未收到付款通知而未入账

5. 编制银行存款余额调节表时,下列未达账项中,会导致企业银行存款日记账账面余额小于银行对账单余额的有(　　)。

A. 企业开出支票,银行尚未支付

B. 企业送存支票,银行尚未入账

C. 银行代收款项,企业尚未接到收款通知

D. 银行代付款项,企业尚未接到付款通知

6. 下列各项中,会使企业银行存款日记账余额大于银行对账单余额的是(　　)。

A. 企业收到或已送存银行的款项,企业已入账,但银行尚未入账

B. 企业开出各种付款凭证,已记入银行存款日记账,但银行尚未入账

C. 银行代企业支付的款项,银行已入账,但企业尚未收到有关凭证,未能登记入账

D. 银行代企业收进的款项,银行已入账,但企业尚未收到有关凭证,未能登记入账

7. 企业银行存款日记账余额大于银行对账单余额主要是因为存在(　　)。

A. 银行已入账,但企业尚未入账的支出款项

B. 银行已入账,但企业尚未入账的收入款项

C. 企业已入账,但银行尚未入账的支出款项

D. 企业已入账,但银行尚未入账的收入款项

8. 出纳工作交接结束后，需要在出纳工作交接单上签字的是（　　）。
   A. 交接双方　　　　　　　　　　B. 监交人
   C. 企业负责人　　　　　　　　　D. 财务档案保管员
9. 出纳工作交接的内容应包括（　　）。
   A. 现金，包括现钞、外币、金银珠宝和其他贵重物品
   B. 支票，包括空白支票，不含作废支票
   C. 收款收据，包括空白收据、已用收据（不含作废收据）
   D. 有价证券，包括国库券、债券、股票等
10. 根据个人所得税法律制度的规定，下列各项中，属于专项扣除项目的有（　　）。
    A. 基本医疗保险　　　　　　　　B. 基本养老保险
    C. 住房公积金　　　　　　　　　D. 首套住房贷款利息支出

三、判断题

1. 出纳人员应每日对现金进行清点。（　　）
2. 出纳人员整理清点现金时，应把好、烂票分开，将好票由小到大扎在一起，烂票可以丢弃。（　　）
3. 清查现金时出纳人员不得在场，应回避。（　　）
4. 对于库存现金，只要保证出纳人员每天与日记账核对相符，就无须专门进行清查。（　　）
5. 清查现金后，如现金日记账账面余额和库存现金数额不符，应填写库存现金盘点报告表，并据以调整现金日记账的账面记录。（　　）
6. 若企业银行存款日记账余额与银行对账单余额不符，一定存在未达账项。（　　）
7. 如果不存在未达账项，银行存款日记账账面余额与银行对账单余额之间有差额，说明企业与银行双方或其中一方存在记账错误。（　　）
8. 企业与银行核对银行存款账目时，对已发现的未达款项，应当编制银行存款余额调节表进行调节，并以银行存款余额调节表作为原始凭证进行相应的账务处理。（　　）
9. 完成出纳工作交接手续后，应开设新账簿，以明确交接前后会计责任的划分。（　　）
10. 会计人员工作调动或者因故离职，必须将本人所经管的会计工作全部移交给接替人员，没有办清交接手续的，也可以调动或者离职。（　　）

四、业务操作题

1. 现金盘点业务

2020 年 9 月 30 日，沈阳北大荒股份有限公司在现金清查中发现保险柜中库存现金余额为 3 500 元，现金日记账余额为 3 000 元，现金溢余 500 元，无其他违纪行为。经核查，该笔现金为少付给营口佳美服装有限公司的货款，应予以支付。

要求：

（1）编制库存现金盘点报告表（表 5–21）。

表 5-21　库存现金盘点报告表

单位名称：　　　　　　　　　　　　　　　　　　　　　　　　　　　年　月　日

账面余额	实存金额	清查结果		备注
		长款	短款	
现金使用情况	（1）库存现金限额： （2）白条抵库情况： （3）违反规定的现金支出情况： （4）其他违规行为：			
处理决定				

会计主管：　　　　　　　　盘点人员：　　　　　　　　出纳人员：

（2）填制记账凭证（表5-22）。

表5-22　通用记账凭证

年　月　日　　　　　　　　　　　　　　　　　　　　　字第　号

摘要	总账科目	明细科目	借方金额 亿千百十万千百十元角分	√	贷方金额 亿千百十万千百十元角分	√
合计						

附单据　　张

会计主管：　　　记账：　　　出纳：　　　审核：　　　制单：

（3）登记现金日记账（表5-23）。

表5-23　现金日记账

年		凭证		摘要	借方 千百十万千百十元角分	贷方 千百十万千百十元角分	余额 千百十万千百十元角分	核对
月	日	种类	号数					

(4) 根据处理后的决定填写记账凭证（表5-24）。

表5-24 通用记账凭证

年　月　日　　　　　　　　　　　　　　　　字第　号

摘要	总账科目	明细科目	借方金额（亿千百十万千百十元角分）	贷方金额（亿千百十万千百十元角分）	附单据　张
合计					

会计主管：　　　　记账：　　　　出纳：　　　　审核：　　　　制单：

2. 银行存款清查业务

2020年12月31日，沈阳北大荒股份有限公司的出纳人员取回中国工商银行对账单交由会计编制银行存款余额调节表。登记的银行存款日记账、取回对账单及需要编写的银行存款余额调节表如表5-25～表5-27所示。

表5-25　银行存款日记账

开户行名称：中国工商银行沈阳支行　　　　账号：6702090089263 82445

2020年 月	日	凭证种类	号数	摘要	借方	贷方	余额	核对
12	1			期初余额			7 8 2 2 5 0 5 5 6	
12	1		1	提取现金		5 5 0 0 0 0 0	7 7 6 7 5 0 5 5 6	
12	1		5	支付购买材料款		3 2 4 0 0 0 0 0	7 4 4 3 5 0 5 5 6	
12	2		6	收回销货款	8 0 0 0 0 0 0		7 5 2 3 5 0 5 5 6	
12	3		8	支付电费		5 8 5 0 0 0	7 4 6 5 0 0 5 5 6	
12	5		10	支付广告费		1 4 0 0 0 0 0	7 3 2 5 0 0 5 5 6	
12	7		12	提取现金		7 0 0 0 0 0	7 2 5 5 0 0 5 5 6	
12	8		14	购买办公用品		6 7 0 0 0 0	7 2 4 8 0 5 5 6	
12	10		18	将现金存入银行	6 0 0 0 0 0		7 3 0 8 0 5 5 6	
12	12		20	收到保证金	3 0 0 0 0 0 0		7 6 0 8 0 5 5 6	
12	12		22	收到转让设备款	6 2 5 0 0 0		7 6 7 0 8 0 5 5 6	
12	14		25	收回货款	7 5 4 0 0 0 0		7 7 4 6 2 0 5 5 6	
12	15		30	支付工资		3 2 7 0 8 3 3 0	7 4 1 9 1 2 2 2 6	
12	15		31	缴纳社会保险费		8 2 6 9 7 0	7 3 3 6 5 1 2 5 6	
12	22		38	收到转让材料款	7 7 0 0 0 0 0		7 4 1 3 5 1 2 5 6	
12	24		40	支付购买材料款		2 3 4 0 0 0 0	7 1 7 9 5 1 2 5 6	
12	29		50	支付运输费		5 5 0 0 0 0	7 1 7 4 0 1 2 5 6	
12	31		51	支付展览费		1 8 0 0 0 0	7 1 5 6 0 1 2 5 6	
12	31			本月合计	6 5 4 9 0 0 0 0	1 3 2 1 3 9 3 0 0	7 1 5 6 0 1 2 5 6	

表 5-26　中国工商银行沈阳支行单位账户明细对账单

账号：670209008926382445　　　户名：沈阳北大荒股份有限公司　　　2020 年 9 月 30 日

日期	交易类型摘要	凭证号	借方发生额	贷方发生额	借/贷	余额	对账
1201	期初余额				贷	7 822 505.56	
1201	现金支出		55 000.00		贷	7 767 505.56	
1202	转账收入			23 400.00	贷	7 790 905.56	
1203	转账支出		324 000.00		贷	7 466 905.56	
1205	转账支出		80 900.00		贷	7 386 005.56	
1205	转账收入			80 000.00	贷	7 466 005.56	
1207	现金支出		70 000.00		贷	7 396 005.56	
1208	转账支出		6 700.00		贷	7 389 305.56	
1210	现金收入			60 000.00	贷	7 449 305.56	
1213	转账支出		38 050.00		贷	7 411 255.56	
1213	转账收入			62 500.00	贷	7 473 755.56	
1215	转账支出		327 083.30		贷	7 146 672.26	
1215	转账支出		82 609.70		贷	7 064 062.56	
1216	转账收入			75 400.00	贷	7 139 462.56	
1220	转账收入			1 907.21	贷	7 141 369.77	
1223	转账收入			77 000.00	贷	7 218 369.77	
1226	转账支出		234 000.00		贷	6 984 369.77	
1231	转账支出		8 300.00		贷	6 976 069.77	

表 5-27　银行存款余额调节表
年　月　日

单位名称：
开户银行：　　　　　　　　　　　　　　　账号：

项目	金额	项目	金额
企业银行存款日记账余额		银行对账单余额	
加：银行已收，企业未收		加：企业已收，银行未收	
减：银行已付，企业未付		减：企业已付，银行未付	
调节后的存款余额		调节后的存款余额	

会计主管：　　　　　　　　　制单：

参考文献

[1] 高翠莲. 出纳业务操作［M］. 北京：高等教育出版社，2018.

[2] 徐春梅. 会计出纳业务和纳税业务实战演练［M］. 北京：人民邮电出版社，2018.

[3] 秦春霞，孙嫦娜. 零基础出纳业务实战［M］. 北京：人民邮电出版社，2018.

[4] 钟爱军. 出纳业务操作［M］. 大连：东北财经大学出版社，2017.

[5] 安红梅. 出纳实务［M］. 大连：东北财经大学出版社，2018.

[6] 王淑敏. 实账实战演练：跟我学做出纳［M］. 北京：化学工业出版社，2017.

[7] 陈文玉. 出纳实操从新手到高手（第2版）［M］. 北京：中国铁道出版社，2015.

[8] 杨建钧. 出纳理论与实务［M］. 北京：高等教育出版社，2019.

[9] 厦门网中网软件有限公司. 精编出纳岗位实务［M］. 北京：高等教育出版社，2019.

[10] 左卫青. 出纳实务［M］. 北京：人民邮电出版社，2012.

[11] 杨良成. 纪小羊和她的出纳工作［M］. 北京：机械工业出版社，2014.